GA £14.99
A CA-G-LANG
6

Sis mesos d'hivern

Marta Buchaca

Sis mesos d'hivern

Navona

Primera edició Febrer de 2022
Primera reimpressió Març de 2022

Publicat a Barcelona per Editorial Navona SL
Editorial Navona és una marca registrada de Suma Llibres SL
Aribau 153, 08036 Barcelona
navonaed.com

Direcció editorial Ernest Folch
Edició Xènia Pérez
Disseny gràfic Alex Velasco i Gerard Joan
Maquetació i correcció Moelmo
Paper tripa Oria Ivory
Tipografies Heldane i Studio Feixen Sans
Imatge de coberta Conxita Herrero Delfa
Distribució a Espanya UDL Libros

ISBN 978-84-19179-03-6
Dipòsit Legal B 20604-2021
Impressió Romanyà-Valls, Capellades
Imprès a Espanya

© Marta Buchaca, 2022
Tots els drets reservats
© de la present edició: Editorial Navona SL, 2022

Navona dona suport al copyright i a la propietat intel·lectual. El copyright estimula la creativitat, produeix noves veus i crea una cultura dinàmica. Gràcies per confiar en Navona, comprar una edició legal i autoritzada i respectar les lleis del copyright, evitant reproduir, escanejar o distribuir parcialment o totalment qualsevol part d'aquest llibre sense el permís dels titulars. Amb la compra d'aquest llibre, ajuda els autors i Navona a seguir publicant.

*Al Roger i el Joan,
que fan les millors abraçades a tres de l'univers.*

*Con todo lo que tú eras,
Con todas tus cositas buenas
¿Por qué haces tanto daño
Y quemas, quemas, quemas?
Y tu voz que era el silencio
La calma más suave del río
¿Por qué se vuelve tormenta
Y frío, frío, frío?*

EDE i XOEL LÓPEZ,
«Quemas»

Índex

1. GENER
   Una família perfecta — 15
2. FEBRER
   Habitació doble d'ús individual — 55
3. MARÇ
   Hi ha coses pitjors a la vida — 99
4. ABRIL
   Porta sempre condons a la bossa — 133
5. MAIG
   No deixis mai de besar així — 173
6. JUNY
   Abraçada a tres — 207

Podria obviar que tot això va passar enmig d'una pandèmia mundial. Podria fingir que no anàvem amb mascareta, que no teníem les mans vermelles i encetades de l'excés de gel hidroalcohòlic, que no hi havia toc de queda i que els restaurants i els bars no estaven tancats. Però no ho faré. Perquè vull explicar el que va passar tal com va passar, sense artificis, sense mentides, sense subterfugis. I sí, va passar en plena pandèmia, i no, la pandèmia no va ser el motiu de la nostra separació.

1. GENER

Una família perfecta

1

Hem anat a parar a la terapeuta més racional i escèptica de tota la ciutat. A ell ja li va bé, és pràctica i no parla de sentiments. Jo, que fa més de deu anys que vaig a un psicòleg que passa consulta en una sala que bruteja, plena de matalassos i coixins amb olor del darrer client, i que et fa respirar i parlar sense filtres del que sents, no entenc de què va tot això. La sala de la terapeuta és un despatx. L'observo, asseguda en una cadira on se m'enfonsa el cul, i no veig la diferència entre aquest i qualsevol altre despatx de qualsevol ciutat. Podria ser el d'una advocada, una metgessa o una gestora. Però és una terapeuta de parella que ens atén, asseguda a la taula, protegida per una mampara i amb mascareta. Nosaltres també portem mascareta. I quan li explico això al meu psicòleg, que fa la teràpia a pèl i que m'abraça quan ho necessito, es posa les mans al cap. Fa mesos que fa la teràpia així i se m'acut fer el càlcul. Veu uns set pacients al dia, per cinc dies que té la setmana, trenta-cinc, per quatre, cent quaranta. Cent quaranta persones al mes. Fa més de vuit mesos que visita presencialment, més de 1.120 visites han passat per aquells matalassos i presumeix que cap dels seus pacients ha agafat la malaltia que ens amarga la vida des de fa gairebé un any.

Ella, clarament, és d'una altra branca: la dels que tenen pànic al virus, la dels que es protegeixen les vint-i-quatre hores, la dels que trien sempre l'opció videotrucada per davant de la presencialitat. La dona és clara, i ens diu que la teràpia no serà llarga. A ell això també li va bé. Cent euros per sessió, com menys en fem, millor, deu pensar. Potser no és això el que pensa, potser està pensant en el cafè amb llet que es prendrà quan surti de la consulta, o en els calçotets nous que s'acaba de comprar i que encara no m'ha ensenyat. M'imagino que pensa això, però fa mesos que no tinc ni idea del que li passa pel cap. Fa mesos que s'ha convertit en un ésser estrany que conviu amb mi, un desconegut, un extraterrestre que ha posseït el qui era el meu marit, el qui em feia riure, el qui m'acompanyava. La teràpia consisteix a millorar la comunicació entre nosaltres. Hem esperat massa a demanar ajuda, tot i que reconec que em fa una mica de ràbia acceptar que necessitem una tercera persona que arregli la nostra relació. Jo no tinc por a les teràpies ni a l'autoconeixement. Em dedico a escriure, així que tinc un màster en sentiments i en comportaments humans, i fa anys que soc addicta al Jose Mari, el terapeuta dels matalassos. Hauria d'estar prohibit que un terapeuta es digués Jose Mari, però ell no ho deu veure així i no s'ha dignat a canviar-se el nom per un de més professional. I no li va malament del tot, perquè si multipliquem els cent quaranta pacients per setanta euros la sessió, això fa un total de 9.800 euros al mes. Es pot dir com li doni la gana. Dic que en soc addicta perquè el Jose Mari té un punt de sectari. D'ençà que hi vaig, l'he recomanat a totes les meves amistats i totes han creat una estranya dependència cap a ell, més o menys com jo. Quan ens reunim fent una birra el citem més d'una vegada. El Jose Mari diu que no et pots responsabilitzar del que fa l'altre, que l'important ets tu. «Jo és que, com m'ha dit el Jose Mari, estic posant límits a la meva mare». «I jo al meu pare». «Doncs a mi m'ha dit que he de deixar de practicar sexe amb desconeguts, perquè només ho faig per omplir el buit que sento des que el meu pare em va abandonar quan tenia sis anys». I així, les amigues traumatitzades anem tirant com podem, entre birres, riures i les directrius del Jose Mari.

La terapeuta ens pregunta què ens ha portat fins aquí. Així de directa, així de clara. M'agradarà. La pregunta és concreta, la resposta també hauria de ser-ho. Jo no dic res. Són tantes coses, i tan difícils d'explicar, de sintetitzar... Però ell és bo en la síntesi, ell és concís, categòric, inequívoc i té una clarividència prodigiosa: «Problemes de comunicació», afirma. Segur, contundent. És això, penso, té raó, tot i que se m'acuden infinitat d'altres motius que ens han portat a aquesta consulta asèptica amb olor de desinfectant. Però callo. Continuo pensant que ell parla millor que jo, que analitza millor que jo, i deixo que m'avanci, que controli, que domini.

Ella em convida a parlar i jo em limito a confirmar el que ell diu. Al cap d'una estona, el meu ego surt a la conversa: «Sempre parla d'ella», diu ell sense mirar-me als ulls. I, després d'aquesta sentència, més preguntes de la terapeuta, des de darrere la mampara, que em resulten absurdes i francament poc interessants. Que passi ràpid, penso, solucionem-ho d'una vegada. Que tot torni a ser com abans.

Vaig demanar recomanacions a coneguts i conegudes sobre teràpia de parella. Comences a preguntar i qui més qui menys hi ha anat o té un amic que ho ha fet. O hi ha anat, no t'ho diu i menteix dient que «un amic» sí que hi ha anat i et passa el telèfon. El primer número que em van donar va ser el d'una dona que només atenia casos d'infidelitat. Aquest no era el nostre cas, però ara ja sé que a la meva amiga Glòria el nòvio li va fotre les banyes, cosa que no m'ha explicat mai però que li deu explicar al Jose Mari a cada sessió. La Glòria és una actriu amiga meva que té tres nens amb un publicista insuportable. No entenc per què la majoria de les meves amigues tenen marits impertinents, egòlatres i pesats. Suposo que elles opinen el mateix del meu. Potser se n'alegraran si finalment em separo. O potser en aquest cas l'egòlatra insuportable soc jo i són els seus amics els que estan esperant que ell per fi faci el pas i s'alliberi del meu ego. Aquest pensament em trasbalsa. Imagino els amics d'ell, fent una festa per celebrar que s'ha separat de mi. Brinden, beuen i porten noies solteres àvides de embolicar-se amb nois més madurs. Per què tinc tanta imaginació? Per què penso sempre el pitjor? «Et boicoteges», em diu sempre el Jose Mari. Jo, si la Glòria se separés de «l'imbècil» li faria una festa, suposo que per això imagino que els amics d'ell farien el mateix. Total, que em passa el número, descobreixo que només tracta infidelitats i la descarto. Em passen més contactes, i em resulta curiós que tots són de terapeutes dones. Els homes no fan teràpia de parella? Tot quadra, suposo: la incapacitat masculina només la poden guarir les dones. I així anem. M'acabo quedant amb la d'una amiga que visita a rambla Catalunya. «A la tercera sessió ens va dir que ens separéssim», em diu com a carta de presentació de l'especialista, i em sembla la millor opció: una tia pràctica i resolutiva. Com jo.

Però ara la veig, borrosa darrere de la mampara, prenent notes sense parar, i penso que venir aquí ha estat un error.

Continuo silent. Noto la mirada d'ell a la meva orella. M'observa de reüll, no deu entendre res. Ell, que sempre em diu que xerro massa, que sempre em titlla d'excessiva, no deu comprendre per què callo. Ara, en el moment més important de la nostra relació, no tinc res a dir. Però ella no em deixa no intervenir, no deixa que ell domini la teràpia. No és això el que hem vingut a fer aquí. I em mira als ulls, ella sí, obligant-me a expressar-me. «Estic molt cansada», dic al cap d'uns segons. «La majoria arribeu aquí molt desgastats», afirma. I, aleshores, m'adono que aquesta dona ens tractarà com una parella més, com una transferència més al seu compte bancari, com una estadística. «Teniu dos nens, oi?». I és llavors, quan començo a plorar.

2

Quan feia un mes que ens coneixíem li vaig dir: «Jo vull tenir una família. Si no és el que tu vols, ja podem plegar». I no va marxar corrent, ni va trucar a cap psiquiàtric perquè m'internessin. Sempre he estat una dona clara i directa, i aquests han estat els meus defectes i les meves virtuts a parts iguals. No va fugir, i uns anys després el Predictor va mostrar dues ratlles. Jo sempre havia volgut que el meu fill es digués Arnau. Em sembla un dels noms més bonics que hi ha en català. Però de seguida vaig entendre que l'assumpte no anava només de mi, que allò de tenir fills era cosa de dos, i que s'havien de fer pactes. En aquell moment no vaig pensar que, si un dia ens separàvem, hauríem de decidir quina mena de custòdia tindríem, el calendari, l'escola, la roba, i un llarg etcètera que, aleshores, en un núvol de felicitat i futur eterns, no em passava ni pel cap. En aquell moment estava embarassada, tenia un home deu al costat i era la persona més feliç del món.

Després de llistes interminables de noms catalans, castellans, bilingües, internacionals, d'una síl·laba, de dos, de tres, de nena, de nen i sense gènere, vam acordar dues llistes, la seva i la meva, com a finalistes. Els noms que hi havia a la llista d'ell i dels quals prefereixo no dir res eren: Frederic, Lleó, Hug, Otger, Leopold, Lucas (no entenc com es va colar en aquesta llista tan de la terra), Roc i, em costa no fer-ne cap comentari: Rauric. La cosa no era senzilla. La meva era més... Tampoc la qualificaré, per no ofendre tercers: Arnau, Jordi, Ferran, Marc, Jan i Aleix. No ens vam posar d'acord. Així que vam anar a parar a l'Idescat (l'Institut Nacional d'Estadística) per veure quins eren els noms més posats aquell any a Catalunya i utilitzar la informació per, evidentment, triar els darrers de la llista.

Rauric no hi apareixia. Era d'esperar. El que liderava el rànquing era Marc, cosa que va eliminar la candidatura de manera immediata. No recordo com vam arribar al nom definitiu, el nom que va ser el del nostre primer fill. Entre els meus defectes, a part de ser clara i directa, hi ha el de tenir una manca de memòria patològica. No recordo mai res. Ni què vaig dinar ahir ni el nom de la meva professora de tercer de pàrvuls. No és un exemple a la babalà. De les trobades d'exalumnes d'EGB, el que més em traumatitza, a part de les panxes i l'alopècia dels excompanys i la panxa i l'alopècia de les excompanyes, és que tots recorden noms i cognoms de les professores i professors de tota la nostra etapa escolar. D'acord, no és gran cosa, però és que també recorden anècdotes concretes de segon d'EGB o noms de companys que van estar amb nosaltres només uns mesos. La Blanca, aquella nena que va arribar a primer d'EGB i que per Nadal se'n va anar a viure als Estats Units. Jo crec que queden abans per putejar-me, i es posen d'acord per explicar històries amb una nitidesa i uns detalls feridors per a una desmemoriada com jo.

En la feixuga i excitant tasca de posar nom als nadons hi ha diverses variants. Un clàssic: el nom del pare del pare. Antic i ranci, però, inexplicablement, hi ha gent que encara segueix aquesta tradició. La variant més habitual: els progenitors, després d'unes setmanes o uns mesos de parlar-ne i de mantenir la parella entretinguda buscant nom de la criatura, arriben a un acord. El nom resultant sol ser sempre el segon més votat, com passa als premis literaris en els quals sovint faig de jurat. L'obra guanyadora mai és la preferida de cap membre, sempre és la més consensuada, o sigui, la segona, tercera o quarta opció. Així que quan compreu un llibre per l'únic motiu que ha guanyat un premi, penseu que sempre, i sense excepció, esteu davant d'un segon plat. Amb els noms dels nens passa el mateix. El nom resultant mai és el preferit de cap dels dos progenitors. La tercera opció en la cerca de nom és, personalment, la que més detesto. «No li posarem el nom fins que li veiem la carona». Això pot significar dues coses: una, som tan alternatius i tan hippies que esperem que la natura ens faci la feina, dues, som incapaços de posar-nos d'acord amb el nom, així que posposem la decisió al màxim. Aquesta acostuma a ser la veritat en la majoria de casos, i sol comportar que la tria del nom recaigui en el pare. Algú em pot dir d'alguna mare que sigui capaç de fer alguna cosa que no sigui amorrar a la teta el seu nadó acabat de néixer, després d'un part? Doncs això. Un cop més, l'home guanya. L'esgotament postpart i deixar que el pare decideixi unilateralment han fet que al món hi hagi nens que es diuen Aquiles, Roure, Lobo o Lionel (pel Messi). M'imagino la cara de la mare, un cop recuperada. Nou mesos i dotze hores de part per acabar amb un Lobo entre els braços. I per a tota la vida.

Ara nostre cas no va ser aquest i, finalment, vam escollir la posició número vint-i-dues de l'Idescat de l'any 2015: Oriol. Nom que ara és indivisible del nostre fill de cinc anys, que no podria dir-se de cap altra manera. Perquè això també passa.

Un cop li poses el nom, hi ha el convenciment general que aquella criatura no podria tenir-ne cap altre. Plorar fa que les ulleres se m'entelin, per culpa de la mascareta. La dona assenyala una capsa de mocadors, i n'agafo un per eixugar els vidres. L'Oriol porta ulleres des que té un any. En aquest moment, a la consulta, recordo el dia que vam anar a l'òptica per provar-li les seves primeres ulleres i torno a plorar sense consol. Ell no em fa cap gest de suport. Ni una carícia, ni una abraçada, ni una paraula. Res. I encara ploro més. La terapeuta aclareix que aquí treballarem la parella, no els fills, així que ràpidament aparta els nens de la teràpia. I jo, a poc a poc, deixo de plorar.

3

Quan falten uns minuts per acabar la sessió ens posa deures. Un exercici que ella anomena «carícies emocionals». Ens explica que és un exercici conscient d'expressar paraules d'admiració, gratitud o reforç positiu cap a la teva parella. Ens diu això, i, mirant el rellotge, afirma que hem d'acabar per avui. Passem per la secretària, paguem cent euros i ens acomiadem fins a la propera sessió, la setmana següent.

Sortim tots dos junts i caminem rambla Catalunya avall. No ens diem res. Caminem junts, que ja és molt, tal com estem. No recordo l'última vegada que vam caminar agafats de la mà. Sí que recordo la primera. Les primeres vegades queden marcades, fins i tot en el meu cas de desmemoriada patològica. Acabàvem de fer l'amor, i anàvem a veure una obra que jo havia escrit i dirigit. Era la primera vegada que ell anava al teatre a veure una obra meva. Jo estava histèrica. Tot el que escrivim sempre és una part de nosaltres. Per tant, si no li agradava l'obra, volia dir que no li agradava jo. Vam sortir de casa seva i, al primer semàfor, em va agafar la mà. Crec que jo la tenia suada, pels nervis, però no li va importar i la va prémer amb força. Llavors vaig pensar: ara sí, ara som una parella de debò.

    L'endemà al matí, mentre esmorzem amb els nens, em passa la mantega i jo li dic «gràcies», mirant-lo intensament.

I faig un *check* mental a l'exercici de carícies emocionals: «gratitud». Durant tota la setmana en un moment o altre anem fent l'esforç de fer-nos carícies emocionals l'un a l'altre. Tant ell com jo som maldestres. Ell em diu que em queda bé un vestit, quan jo sé que em va petit i em marca una panxa difícil d'amagar després de dos parts. Jo li dic que és un gran pare, mentre estic fent pipi i ell es renta les dents a la pica. Aquest potser és un dels problemes que ens han portat fins aquí. Vam depassar el límit que no hauria de traspassar cap parella: deixar que l'altre ens vegi quan fem les nostres necessitats. No se m'acut una cosa menys sexi. De fet, si t'enamores d'algú que no et convé, hi ha una tàctica infal·lible per desenamorar-te'n a l'instant: imagina-te'l fent caca.

Passem els dies fent l'esforç de cuidar l'altre amb les carícies emocionals maldestres. Almenys no es pot dir que no ho intentem. Jo jugo amb avantatge. Soc escriptora, així que decideixo fer una carta anomenant totes les seves virtuts i, una nit, abans que ell posi qualsevol sèrie de Netflix, li demano un minut. Ell insisteix, vol veure el capítol, que ahir es va quedar en un punt molt interessant, però li dic que li he escrit una cosa. «Vols que t'ho llegeixi»? Sap que no s'hi pot negar, així que assenteix, sense dissimular que preferiria veure l'actor americà de torn matant jihadistes. De la butxaca del pijama trec el tovalló de paper on he escrit la llista. Aquesta deu ser una altra de les causes que ens han portat fins aquí. Des que som pares, quan els nens estan banyats, ens posem el pijama. Així que a les set de la tarda ja estem tots dos amb roba d'estar per casa que resulta tan poc sexi com veure l'altre pixant o fent «popó», com diu la professora de la llar d'infants del petit.

El petit va arribar tres anys després del primer. Tots dos teníem clar que volíem un segon fill, i quan vam començar a dormir la nit sencera, ens hi vam posar. No hi ha cosa més excitant que follar per tenir un fill. Ho fèiem a tota hora. Contra la nevera, sobre la taula de la cuina, a la dutxa. Ens vam tornar a enamorar. No miràvem cap calendari d'ovulació. No calia. Amb el primer «ens havíem quedat embarassats» de seguida. «No us ha deixat divertir-vos», ens va dir el ginecòleg. I tenia raó. Per això ara gaudíem com animals en zel. Potser feia tres anys que no ho fèiem a les nits. I ara, pràcticament cada nit, abans d'adormir-nos, fèiem l'amor, salvatges, animals i amb un propòsit clar.

El primer mes, mentre m'eixugava nua davant del mirall en acabar de dutxar-me després d'un clau al sofà, de matinada, em vaig veure les tetes i ho vaig saber. L'endemà vaig comprar el test. No hi havia cap dubte. Efectivament, el segon tampoc ens va deixar divertir-nos gaires dies. Ja estava embarassada. L'Oriol tindria un germanet o una germaneta. Seríem una família de quatre. Una família perfecta.

M'adono que mira la tele de reüll. Vol posar el capítol. Tinc el tovalló on he anotat les seves virtuts entre les mans. La llista cap en un tovalló, mal senyal, intueixo que pensa ell. No és un tovalló dels grans, és d'aquells quadrats, de cafeteria. Com que els bars estan tancats per la pandèmia, cada matí agafo un cafè amb llet per emportar i l'embolico amb un tovalló per no cremar-me els dits. És en aquest tovalló on, aquest matí, abans de posar-me amb el guió que em té ocupada des del confinament, he escrit la llista de les seves virtuts. La llegeixo en veu alta: afectuós, sincer, honest, clar, simpàtic, divertit i guapo. Sembla la llista que faria una adolescent sobre el seu futur marit. És patètic, i ell ho ha notat. «Gràcies», diu. I, abans que premi el *play*, li demano que faci el mateix amb mi. Que em faci una llista de virtuts. «Ara?», pregunta sense amagar la mandra. «Sí», li ordeno. Es queda una estona en silenci. Té aquesta capacitat. Estar callat durant minuts. Jo soc incapaç de no parlar, si l'altre fa una pausa de més de mig segon. Al cap d'una estona eterna que mina la meva autoestima diu: «Independent». I posa *play*.

4

Independent. Onze anys de matrimoni i l'únic bo que pot dir de mi és que soc independent. Qualitat, per altra banda, que suposa l'antítesi de la parella. D'acord que la meva llista no era res de l'altre món, però jo podria dir milers de coses bones d'ell. Milions. Bé, milions potser no, però moltes. Moltíssimes. Encara ara. Encara avui, que fa mesos que no parlem de res, que fa mesos que ni ens mirem, ni ens toquem, que l'únic que hi ha entre nosaltres és un mur inexpugnable que ens allunya del que vam ser. Què vam ser? Em pregunto. Necessitat? Era només això? És això la parella? Ens costa tant estar sols que necessitem l'altre? Que busquem l'altre? Que ens enganxem a l'altre? No hi havia amor? Esclar que sí, n'hi havia. Però ara? N'hi ha? Sento que em veu com la persona més indesitjable del món: egoista, egòlatra, maldestra en tot, massa ambiciosa, massa solitària, mala mare, lletja, grassa, estrident, excessiva. És això el que ell posaria en una llista de defectes meus? La meva única virtut no és un defecte? Ser independent quan el que estem intentant és mantenir-nos units, no és el pitjor que podria dir de mi?

No ho salvarem. Sé que no ho salvarem. I només el concepte «salvar la relació» em fa mal, em sembla absurd, em sembla tot el contrari de la història d'amor que volia tenir a la meva vida. El parc dels meus fills m'odia. Ho sento així tan fortament... Hi ha hagut un clic, s'ha trencat tot, o potser no m'ha estimat mai. Potser ha estat amb mi per por a la solitud, per ser pare, per comoditat. I ara soc una mala mare que li sobra, que ja li ha donat descendència i que ara no li pot oferir res més. Imagino centenars de dones que el farien més feliç que jo. No soc una bona companyia. Potser, ni tan sols soc una bona persona. Que fugi, que corri, que no miri enrere i que deixi la dona independent sola, que d'altra banda és com ha estat la major part de la seva vida. Que aquests onze anys quedin com un parèntesi irreal, com una pausa de la realitat, com un espai sostingut en el passat que no tornarà i que potser no hauria d'haver estat. Si això és una lluita, si això és un territori que s'ha de salvar, uns presos que hem de rescatar, no sé si tindrem l'energia per fer-ho. No sé si ho volem. No sé si té cap sentit provar de salvar res. Casar-se sense que existís el divorci, com van fer els nostres pares. Convençuts que allò seria per sempre. Sense dubtar, sense tenir ni l'espai per fer-ho. No aguantem res, diuen els vells. La vostra generació no aguanta res. I si aguantem? I si aguantem per després estar millor? I si lluitem com a la guerra, amb armes, amb granades i ens atrinxerem fins que acabi el foc creuat? Fins que ja no quedin municions a cap dels bàndols?

5

No puc evitar pensar que això no acabarà bé i, pràctica, em preparo per a la separació. Contacto amb amigues que s'han separat i els demano per la seva experiència. La primera amb qui quedo és la Laura, una alumna d'un curs d'escriptura amb qui ens hem fet més o menys amigues. El primer que em diu és «No et separis». Ella fa tres anys que es va divorciar, i encara plora quan en parla. M'invento alguna excusa, i fujo sense pagar el cafè.

Repasso l'agenda del mòbil buscant «contactes divorciats», i recordo un director que va dirigir una obra meva, fa anys, i que s'ha separat fa uns mesos. Quedo amb ell a la platja, per fer una cervesa a les dotze del migdia. Com que els bars continuen tancats, anem a un pakistanès i comprem dues llaunes. Seiem davant del mar. Em diu que és més feliç ara que quan estava en parella. Però també plora quan m'explica que la seva exdona té un nòvio nou i que, quan els nens estan amb ella, el nòvio els fa un petó de bona nit. M'imagino una desconeguda fent un petó als meus fills abans d'anar a dormir i em marejo. Tinc una punxada molt forta a la boca de l'estómac i m'he de posar a la gatzoneta perquè em passi. «És angoixa», em diu el director, «és normal». M'ofereix la seva cervesa, i en faig un bon glop passant de la Covid i de tot. El mal remet i torno a seure com una persona decent. M'explica que lliga, i jo manifesto que em sento incapaç de pensar en anar-me'n al llit amb algú altre, i molt menys en plena pandèmia. «A la nostra professió coneixem molta gent», i a mi em torna una punxada terrible només de pensar que la meva pròxima parella pugui ser un director, un guionista o, encara pitjor, un actor.

El que em va enamorar d'ell va ser, sobretot, que no era de la professió. Ell és economista, té una feina avorrida, estable, amb un horari i tranquil·la. Massa equilibri per suportar els alts i baixos d'una guionista, segurament. «No m'han dit res, segur que no els ha agradat». «Això és una merda, soc un frau. Com he pogut enganyar a tothom durant tant temps?». «No hi ha entrades venudes, per què no faré mai un èxit?», «Ja no tinc res a dir, no puc escriure més».

El Jose Mari diu que m'he de valorar per mi mateixa, que la meva feina és només què faig, no qui soc. Però jo escric, soc diferent dels altres. He de confessar que tinc aquest pensament de superioritat, d'egolatria. El Jose Mari em diu que soc una esnob, que soc classista i que el meu proper nòvio hauria de ser un «garrulo». I jo no entenc per què tothom amb qui parlo em parla del meu proper nòvio. Que no puc estar sola? Que tot es redueix a tenir una parella? Precisament el que ara deixaré de tenir és el més important? Em quedo sense la base per ser feliç? He de tenir un altre nòvio per sentir-me bé?

Li pago setanta euros i surto de la consulta. I em pregunto per què li pago des de fa més de deu anys a un tio que no neteja mai l'habitació on rep els clients i que es dedica a destrossar-me a cada sessió. El Jose Mari és així, em diuen les sectàries que també són tractades per ell. Diu les coses pel seu nom. Però jo ara potser no és això el que necessito, el que em cal és, simplement, algú que em digui «Tot anirà bé». Així que, immediatament, truco a la meva mare.

6

La meva mare viu al pis que era del meu avi, que és al costat de la consulta del Jose Mari, així que de seguida soc a la porta de casa seva. Des de fa uns mesos estic escrivint una pel·lícula que explica la història d'un grup especialitzat en el món paranormal i, per escriure'l, he quedat unes quantes vegades amb la vident del grup. Parla de la mort amb tranquil·litat, i, com aquell qui et diu que ahir va anar al dentista, t'explica la conversa que ha tingut aquest matí amb una dona que va morir fa dos segles. Desconfio d'ella, perquè tant en els seus llibres com quan parlem, només m'explica històries de morts que fa segles que van abandonar aquest món. Però parlar amb ella i investigar sobre l'existència del més enllà fan que, sempre que soc a casa la meva mare, noti el meu avi. Al principi em resistia a creure-ho, perquè el meu avi va morir a la casa del poble, però la vident m'explica que els morts no tenen per què aparèixer on van morir i que, normalment, apareixen a casa seva o on hi ha els seus éssers estimats.

M'agrada quedar amb la vident. És una dona sàvia i em fa plantejar la certesa absoluta que de vegades tinc de tot. Ella no té por a la mort, em diu. Està convençuda que després de la mort el que hi ha és millor, és un estat celestial, agradable, plaent i serè. I m'agrada creure-m'ho. Li pregunto si quan mori parlarà amb els seus éssers estimats. Em diu que s'acomiadarà d'ells, com va fer el seu germà amb ella quan va morir.

M'ho diu amb la naturalitat de qui diu que ha esmorzat torrades amb melmelada. Que els morts que es queden a la interfase, així s'anomena la fase que hi ha entre la mort i la vida, són persones que es resisteixen a deixar aquest món. Gent amb ferides per tancar, amb comptes pendents. M'enrecordo d'una sèrie que anava precisament d'això i la miro, reticent. Li demano que contacti amb el meu avi i em diu que els morts no se'ls ha de molestar. Ella té excusa per a tot, però m'agrada pensar que té raó, que parla amb els esperits, i, sobretot, que després de la mort hi ha alguna cosa meravellosa que ens espera. Així que no li faig més preguntes, i em limito a escoltar. I, per si de cas, sempre que arribo a casa la meva mare, saludo el meu avi. En veu baixa. I noto el seu escalf.

El meu avi estava a mata-degolla amb la iaia, una dona avançada a la seva època, que treballava a la Diputació de Barcelona als anys trenta. Era independent, emancipada, i es va casar amb el meu avi després de la guerra, quan tots dos passaven la trentena. El meu avi m'explicava sempre amb uns detalls nítids que jo, desmemoriada, envejava, el dia que va tornar de la guerra després de tres anys al front. Crec recordar que a Andalusia. Guardo les fotografies que va fer aleshores, documents impressionants, on el meu avi, en una Granada nevada, s'està dret sobre la neu mirant a càmera amb un abric que sembla escalfar-lo. «L'hi vaig agafar a un cadàver», m'explicava. «I em va salvar de posar-me malalt». El meu avi portava l'abric d'un mort i menjava rates. I jo estic angoixada perquè potser em separo. «Valiente o no haber nacido», deia sempre ell. I hi penso sempre que tinc un problema. El seu germà tenia una farmàcia, i allà és on va anar, encara amb la bossa amb quatre peces de roba que l'havien acompanyat durant tots els anys de la guerra. Quan va entrar va seure a la cadira que tenien per als clients. Va esperar que la senyora que demanava pastilles per a la migranya se n'anés. El germà el va mirar i li va preguntar què volia. I el meu avi Josep es posava a plorar sempre que arribava a aquest moment de la història. «No em va reconèixer», deia entre sanglots. «Estava tan prim, que no em va reconèixer». Es van abraçar i allà va començar la seva nova vida.

Ens hem fet unes anàlisis que costen un dineral però que descarten possibles malalties del nadó i et diuen el sexe. Rebo un missatge al mòbil i de seguida entro a la pàgina web del laboratori. Ho mirem junts, del llit estant, un dissabte a primera hora del matí. És un nen i està sa. Sento un alleujament que em destensa tot el cos. Si tingués una nena seria una mare terrible. La natura és sàvia, per això m'ha fet engendrar dos nens, dos mascles que hauré d'educar bé perquè no heretin la tirania del seu gènere, perquè respectin les dones, però dos homes. Gràcies. No podria suportar tenir una nena que em demanés vestits de la Frozen i que li pintés les ungles, però alhora sento una tristor profunda. Ja mai més seré la mare d'una nena. Perquè tinc clar que aquí em planto, que no tindré mai un tercer fill. I aquesta certesa em fa mal. Es tanquen portes, em faig gran.

Després d'haver triat el nom de l'Oriol d'una manera tan freda, ara, que estic en contacte amb el meu avi, tinc clar que li vull posar Josep. A ell no li dic que el noto, que hi parlo, que el sento sempre que entro a casa de la meva mare. Però entén que li vulgui posar el seu nom, i Josep li agrada. Així que aquesta vegada és fàcil. Josep. Tant que havia criticat les parelles que posen els noms dels pares i els avis als seus fills, i ara... A la vida no es poden fer sentències. Perquè, per sort, mai saps on et portarà el futur.

Després d'una bona estona picant al timbre insistentment i de tres trucades al mòbil, obro amb les meves claus. Entro. «Mama?». «Mama?». Apareix un noi d'uns vint-i-cinc anys que ve de l'habitació. «Hello». I de seguida surt la meva mare. «Nena, què hi fas, aquí?». Em presenta el Peter, el seu professor d'anglès. Ja han acabat i s'acomiaden. Per un moment he pensat que la meva mare tenia un amant sense pèls al pit, i m'han vingut ganes de riure. L'hi comento i també riu. Veig que li agrada imaginar-ho i em pregunto a quina edat les dones comencem a ser invisibles. De seguida s'adona que em passa alguna cosa. És una mare. I m'abraça. És exactament el que necessito. Una abraçada de mare egoista que s'aprofita que la seva filla de quaranta-un anys, que normalment és més aviat reticent a les seves mostres d'afecte, s'abandona a una abraçada sincera i profunda. Comparo aquesta abraçada càlida i emocional amb la que ens vam fer ell i jo a la sessió de teràpia. I ploro. I la meva mare no diu res. Ho entén tot. I, complint el seu paper a la perfecció, diu «Tot anirà bé».

7

«M'he follat el Peter», em diu la meva germana petita per telèfon. «El de la mama?». «Sí, el de la mama». «Però tu no ets lesbiana?». He d'aguantar una esbroncada monumental sobre la meva estretor de mires, que si soc una monja, una conservadora, que semblo del segle XIX, etcètera, etcètera, etcètera. Jo callo. I aguanto. Quan ha acabat de tirar-me la cavalleria per sobre li pregunto com ha anat, tot i que m'importa molt poc. Ara mateix no se m'acut una cosa que m'importi menys que el rotllo que ha tingut la meva germana amb el professor d'anglès de la meva mare. Però ella m'ho explica. Amb detalls. Que si es van trobar al súper per casualitat, que si ella acabava de tallar amb la Clàudia (que no sé ni qui és), que si li va dir de pujar i que ell es va tirar sobre d'ella i que li havia anat tan bé. Que necessitava una polla. Ho diu així, «polla». «Ahà», contesto. I es posa com una fera, que si no l'entenc, que si no l'escolto, que si em penso que el món gira entorn de mi i dels meus fills. I em penja el telèfon. Tornarà a trucar. Sempre ho fa. S'encén, i de seguida se'n penedeix. Torna a trucar. Dubto si agafar-lo o no. I l'agafo. I no em demana perdó. Continua, contra mi, contra els nens, contra el concepte de família tradicional. I llavors, li dic «M'estic separant». I calla. Uns segons de silenci. Jo també callo. És la primera vegada que ho dic en veu alta, que ho dic en present. És això el que estic fent? M'estic separant?

«Jo no em vull separar», li dic. «No em penso separar», l'amenaço. No he tingut dos fills per separar-me al cap de quatre dies. «Lluitarem», l'obligo. I ell em mira i, abans que pugui dir res, l'Oriol entra al menjador nu i xop. «Què fas?». «M'he fet caca a la banyera». I ell de seguida va cap al bany, a netejar la caca, que flota a l'aigua, que ha embrutat el vaixell pirata i l'aneguet que beu una birra que vaig portar als nens quan vaig tornar d'un viatge a Berlín. Prefereix pescar cagarros de la banyera que parlar amb mi de la nostra «no separació», de la nostra «lluita». Agafo l'Oriol i el porto a l'habitació. El nen m'abraça i jo l'estrenyo amb força. «No em perdré ni un minut de la teva vida», em menteixo. Li poso el pijama del Batman i es queixa, no el vol. Cedeixo. «El de l'Spiderman?». «Espera, mama, ja trio jo». Té cinc anys però tria ell. No hauria de deixar que triï. Sé que cada tria que faci serà una arma durant l'adolescència. Ho diuen totes les especialistes en educació, tots els llibres de criança. Penso en aquell programa que fan a la tele on fills adolescents maltracten els seus pares. La culpa sempre és d'ells, que els van consentir de petits. Cada programa acaba amb el fill plorant, dient als pares que els estima. Tu l'has vist atonyinar-los, trencar els mobles de la casa, tirar el telèfon de la mare per la finestra, però al final sempre ploren i diuen «T'estimo», perquè al final l'únic que volen és amor. I jo miro el meu fill obrint el calaix, agafant un pantaló d'aquí, una dessuadora d'allà, traient un pijama, tirant-lo a terra, traient-ne un altre, tirant-lo a sobre el llit per, finalment, posar-se l'uniforme del Barça. Som a ple hivern, fot un fred que pela, però el meu fill dormirà amb samarreta de màniga curta i pantalons curts i quan sigui gran em trencarà el mòbil i em pegarà i em dirà «filla de la gran puta».

«No, no, no», diu el seu pare apropant-se pel passadís. «No pots dormir amb això». «Esclar que no», dic jo, fingint que no pensava permetre que es posés l'uniforme del Barça per dormir. Ell agafa el pijama del Batman, li diu que se'l posi i el nen se'l posa. I penso que el nen al seu pare no el maltractarà, que ho farà només amb mi, perquè soc dèbil. I penso que no em puc separar, perquè si em separo el meu fill dormirà cada nit amb l'uniforme del Barça i soparà pizza congelada i croquetes i no menjarà mai fruita, i seré la pitjor mare del món.

«No vull que li regalin res del Barça», dic fent onejar un uniforme del Barça talla un mes. «No és un uniforme», diu la meva mare feta una fera, «és una equipació». La meva mare és futbolera. Però no futbolera normal, no. Futbolera tipus que afirma contundentment que té una depressió perquè no pot anar al camp. Per la pandèmia. El meu avi va ser un dels primers socis del club, i ella porta el pin del centenari amb orgull a l'abric, al costat del llaç groc. Es va intentar fer un tatuatge amb l'escut al turmell, i li va fer tant mal que va pegar-li un cop de puny al tatuador i, després de pagar el tatuatge sencer i demanar perdó mil vegades, va tornar a casa amb un parell de línies de color blau, indesxifrables fora de context. Si no fos tan poc resistent al dolor, ara mateix seria una dona de setanta anys amb l'escut del Barça tatuat al turmell.

La meva mare m'assegura que el nen tindrà sempre l'equipació del Barça. Això m'ho diu a l'hospital, quan l'Oriol té hores de vida. El miro a ell, que des del sofà fa que no amb el cap. No s'hi pensa ficar. A ell no li agrada el futbol, però davant la meva mare fa el paperet, tot i que l'únic jugador que coneix, com jo, és el Messi. Ell sap millor que jo que amb la meva mare sempre és millor callar i empassar-se els comentaris.

Així que, gràcies a la iaia culer, l'Oriol ara és un fan absolut del Barça. El nen i la meva mare miren sempre els partits junts, i l'Oriol li copia els gestos i jo no puc fer res més que riure. Perquè veure un nen de cinc anys dient expressions com «Avui patirem», «Madridista havies de ser», o insults i difamacions pitjors que m'estalvio, resulta entre patètic i hilarant. Així que el nen té una equipació del Barça des que té un mes, i la meva mare les té totes guardades per al Josep. I jo callo, i m'ho empasso. I reso perquè els meus fills no vulguin ser futbolistes perquè crec que no hi ha res que suportaria menys que tenir un fill futbolista.

8

A la segona sessió, la terapeuta ens demana que ens abracem. És incòmode, però no ens hi podem negar. Així que ho fem, obedients. Ens mantenim abraçats uns segons, i no sabem quan hem de desfer l'abraçada, així que continuem ben junts, tocant-nos. És una abraçada freda, però llarga. Em sembla intuir que ella està escrivint al mòbil mentre ens té a tots dos abraçats com un parell d'estàtues. I, emprenyada, desfaig l'abraçada. Ella, efectivament, amaga el mòbil amb la destresa de qui ha fet l'acció moltes vegades. Li dic a ell, baixet, «Estava mirant el mòbil». «Pots parar?», em respon el que encara és el meu marit. No sé què és el que he de parar. No sé què és el que li molesta tant de mi. La terapeuta, que em mira com si fos innocent, em pregunta què em passa.

Què em passa? Què no em passa? Què m'hauria de passar? Què em passarà? No sé respondre cap d'aquestes preguntes. Em passa que no estem bé, que no sé si mai ho hem estat, que no sé si l'estat d'ara és el real i l'anterior era un artifici, una projecció, una imatge que interpretava distorsionada. Tot això, em passa. Que no sé per què no està enamorat de mi. Que no sé si alguna vegada ho ha estat. Que no sé si la nostra història ha estat fruit d'un desig inventat. Que no sé si res del que ens ha passat ha estat real, ni autèntic. Que no sé què fer, que no sé com fer-ho. Que no sé com solucionar-ho ni si vull solucionar-ho. Que no sé com puc tornar onze anys enrere, quan ell em va agafar la mà per primera vegada, quan vaig sentir una escalfor a l'entrecuix, sabent que era el meu home. Ja no és el meu home? Em passen moltes coses, però no sé des de quan. No sé si ara ho noto tot de cop. I em venen imatges, moments, instants de malestar que amagava. «Estic molt bé», afirmava sempre amb les meves amistats, i vaig deixar d'anar al Jose Mari durant molts anys. Estava bé?, em pregunto ara. M'enganyava? Què hi ha hagut de real en la nostra història?

Li pregunto, directament a ell, com a resposta a la pregunta de la terapeuta: «Què hi ha hagut de real en això nostre? Per què se n'ha anat tot a la merda sense saber com?». Ell em mira, però no contesta. Fa que no amb el cap, com sempre. I sentencia: «Pensant així prendràs mal». Esclar, ell no pensa així, ell és superior, ell és capaç de no fer-se mal perquè té l'habilitat de bloquejar el que sent. I jo no sé ni què sento, ni qui soc, ni tampoc qui és ell. Ara soc jo qui faig que no amb el cap, cansada, impotent, devastada per aquesta situació paralitzant, per aquesta sensació d'irrealitat que fa setmanes que em corprèn. Per un moment veig a la cara de la terapeuta una expressió de cansament. I la imagino aixecant una bandera blanca, fent-la onejar, rendint-se. No hi ha res a fer. La miro als ulls, profundament, i entenc que aquesta dona no salvarà el nostre matrimoni.

Abans d'acabar la sessió, de la qual, sens dubte, sortim pitjor de com hem entrat, ens planteja un exercici. Jo estic farta de sentir-me a l'escola, estic tipa d'obeir, de fingir que crec que aquesta dona emmascarada pot fer alguna cosa per nosaltres. De fet, sento que a qui vol ajudar és a ell, i que la seva ajuda passa precisament per allunyar-lo de mi. Sempre

43

li dona la raó en tot i, mentre jo ploro, ella em mira amb crueltat i fins i tot en algun moment em diu «No et facis la víctima». Ho pot dir, això, una terapeuta? És legal? Cada vegada estic més convençuda que és una divorciada rancorosa que es va fer terapeuta de parella per trencar matrimonis i follar-se els marits un cop separats. Em ve la imatge d'ell fornicant amb ella contra la mampara del despatx. Fa dies que noto com els fonaments de la meva vida s'erosionen. I sento que, a partir d'ara, pot passar qualsevol cosa. Em demana que em posi a sobre d'una cadira. «Dempeus», m'ordena. «Per?», pregunto. «Confia en mi». I li explico, concisa, que no confio en ella bàsicament perquè sempre li dona la raó a ell en tot, perquè em pinta com una bruixa i una egòlatra i perquè és el segon dia a la meva vida que la veig. Sento que ell diu «Per favor» i li demano que no em limiti, que no em faci callar. No ho faig en un to afectuós ni agradable. Ho faig enfadada, acorralada, engabiada. Ho faig amb tota la ràbia que li tinc. Ho faig mentre imagino com llepa el cony a la terapeuta sobre la taula. «No t'ha fet callar», el defensa ella. «Ho veu? Ho veu com li dona la raó en tot?». «Vols fer el favor de pujar a la cadira?», crida ell. I ella el felicita per haver tret el caràcter. La imatge d'aquests dos tenint relacions sexuals em sembla cada vegada més probable. Em debato entre sortir per la porta, fotre-li una hòstia a la terapeuta que es vol follar el meu marit, fotre-l'hi a ell o...

Em quedo. Em quedo perquè ningú pugui dir que no lluito. Estic lluitant per la relació i per això pujaré a la cadira aquesta, que és una cadira plegable inestable, segurament de segona mà i que no té pinta de ser resistent. «Molt bé», diu ella, allargant la e, d'una manera maternal insuportable, com si jo fos una nena que acaba de fer pipi a la tassa del vàter per primera vegada. «I ara què?», pregunto, ridícula, dempeus sobre una cadira plegable que, com els fonaments de la meva vida, balla buscant l'equilibri. «Estàs enfadada?», pregunta ella. Busca brega, està clar. Però no li penso donar aquest gust. faig que no amb el cap i ella explica que ara he de tancar els ulls i deixar-me caure cap enrere. Confirmat. Vol acabar amb mi per tenir via lliure amb el meu home.

La miro com si s'hagués tornat boja. I explica que no cauré al buit, que ell m'agafarà. «Ell?». Però si fa anys que no fa esport, pesa deu quilos menys que jo. L'aixafaré. És un exercici de confiança, em diu, i hi he de confiar. M'he d'aguantar. M'he d'aguantar molt fort les ganes de cridar. «Ho has entès?», diu mirant-lo a ell, i ell fa que sí. I lluito, lluito perquè és el pare dels meu fills, lluito perquè vull una família, lluito perquè no vull ser una fracassada i perquè no vull que aquesta dona es folli el meu marit sobre la taula ni que ell li llepi el clítoris mentre ella gemega exageradament. I em deixo caure, em llanço al buit, em dono a ell, confio que em salvarà.

El meu pes i la llei de la gravetat fan la resta. I caic d'esquena contra el terra. Em fa molt mal, i xisclo d'una manera gutural gens agradable. «Però què fas?», crida ell. Tots dos m'esbronquen. Són un puto equip. Em diuen que havia d'avisar. «Qui ho ha dit, això?», pregunto des de terra. Havia de confiar en ell, i és el que he fet, confiar-hi. Confiar-hi molt fort, i ara estic estesa a terra amb un dolor insuportable a l'esquena. Em quedaré paralítica. Em quedaré tetraplègica per haver confiat en un marit en qui ja no es pot confiar. Per no haver avisat. Per haver complert les ordres d'una tarada que es dedica a destrossar parelles.

Sortim de la consulta i anem directes a urgències. En plena pandèmia, amb els hospitals saturats, calculo que m'hi puc passar tres dies. Li dic que vagi a casa amb els nens. «Total, no et deixaran entrar». I ell se'n va. I jo m'emprenyo. Perquè voldria que em digués que no em deixarà sola, que sempre estarà amb mi, que pateix per mi. He crescut pensant que estimar és patir per l'altre, i em costa molt desfer aquest pensament. Per això m'enfado quan ell fot el camp sense mirar enrere. Després de sis hores d'espera i una radiografia, el diagnòstic és clar: dues vèrtebres aixafades. Em donen hora per a la setmana següent amb l'especialista i cita per a un TAC.

9

Em mira estranyat quan li explico que la prova l'he de fer a les tres de la matinada. Li ensenyo el paper, tot i que sé que no és gelós, però si fos ell qui sortís de casa de matinada per fer-se un TAC, jo potser sí que sospitaria. Per això li ensenyo el comprovant, perquè vegi que és cert, per confirmar-li que no vaig a embrutar els llençols de casa d'un altre, que no surto per fer l'amor salvatgement amb el primer que passi. Intento no retreure-li que si estic anant a fer-me un TAC és per culpa seva. Perquè no em va agafar, perquè no em va sostenir. I sento que potser és això el que em passa. Que fa massa anys que vaig de Superwoman. Que vull ser la mare perfecta, la dona perfecta, la guionista perfecta. I que potser només volia que em sostingués. Em fot reconèixer-ho. Em fot sentir que necessito que un home em sostingui.

El Jose Mari diu que està bé que ho hagi vist, que he de ser sincera amb mi mateixa. Odio tant la idea de fèmina fràgil, que he eliminat la fragilitat completament de la meva persona. I ara, caminant per la Diagonal, ploro, trencada com una nena petita i abandonada. M'he d'asseure en un banc. No hi ha ningú pel carrer, tampoc cotxes, i demano un taxi amb l'aplicació del mòbil. Una de les coses que més m'agraden de Barcelona és que els taxistes no solen donar conversa. A Madrid, ciutat que visito sovint per feina, és tot el contrari. Jo, que quan estic sola soc introvertida i vaig a la meva, no suporto que els desconeguts em parlin. Si fos a Madrid el taxista em preguntaria on vaig, què faig a aquestes hores, a què em dedico. Mohamed Lavayan, conductor d'un Dacia Sandero matrícula 0678-XY, no em pregunta res. De fet, li he posat l'adreça de la clínica a l'aplicació, així que no he ni de dir-li on vaig i, quan arribem, pago directament amb el mòbil. Ni una paraula en tot el trajecte. «Bona nit», «Bona nit», comunicació mínima, felicitat total. La clínica sembla el decorat d'una pel·li dolenta de terror. No hi ha ni una ànima. Un clàssic. Arribo a «Diagnòstic per la imatge» i de seguida em fan passar. Només faltaria haver de fer cua a les tres de la matinada. Un noi em fa entrar en una habitació molt petita on hi ha una taquilla. Em diu que em tregui tota la roba i em posi una bata, i ric pensant que és la proposta més sexual que m'han fet en molts anys. Estic distreta amb aquest pensament i, quan el noi obre la porta de l'altra banda, em foto un ensurt de cal Déu. L'habitació té dues portes, però jo no me n'havia adonat. El noi em demana perdó, «No passa res». A la sala hi ha una mena de sarcòfag amb forma cilíndrica. Em dona uns taps per a les orelles i em demana que me'ls posi. Jo obeeixo, però no sento les ordres que m'està donant i me'ls he de tornar a treure. Ric, nerviosa. I miro el sarcòfag. «M'he de posar aquí?». Ell diu que sí, i jo li pregunto si m'hi he de posar tota sencera. Ell assenteix i jo faig que no amb el cap. «Només seran vint minuts», i em dona un comandament amb un botó vermell. «Si necessites que vingui, prem el botó vermell».

Tant de bo tinguéssim aquest botó, ell i jo. Tant de bo quan pitgés el botó vermell ell vingués a rescatar-me. Tant de bo una relació de parella fos així de simple. Li dic al noi que ni boja em ficaré allà dins, que m'agafarà un atac d'angoixa i que no porto trankimazin a sobre. Em diu que ho he de fer, que és l'única manera de fer la prova, i que em relaxi. Em trec la mascareta sense demanar permís i ell fa que no amb el cap. «L'has de portar». A dins? Però si estic sola empresonada en un puto taüt! Efectivament és una broma, una de molt mal gust. No pot ser que hi hagi una pandèmia, m'estigui a punt de separar i m'hagi de fer un TAC. M'hi nego. Li demano un ansiolític, però no me'n pot donar. Et donen taps de les orelles però no una pastilla? Que no som en una clínica? Per què collons els vull, els taps aquests?

Quan soc a dins ho entenc. A part d'estar engabiada en un sarcòfag sense poder ni respirar, comença un soroll estrident i continu, com si un camioner hagués caigut borratxo sobre el clàxon d'un camió de gran tonatge. Respiro com m'ha ensenyat el Jose Mari. La teva ment ha de manar sobre el teu cos. Inspira, expira, inspira, expira. Com era allò? Inspirar en cinc, retenir en dos i expulsar en tres? O era en dos, en cinc i en vuit? M'embolico, em poso molt nerviosa, intento prémer el botó però no trobo el comandament i crido demanant auxili, però amb el soroll és impossible que ningú em senti.

Intento calmar-me. Soc mare, hòstia, tinc quaranta-un anys. Respira, relaxa't, pensa en una imatge agradable. La primera que em ve al cap és la d'ell follant-se la terapeuta. No, ara no. Després penso en un prat. Però quin prat? Soc urbanita, collons, fa segles que no vaig al camp! I llavors en trobo una que em serveix i em fa vergonya de tan tòpica que és. El mar. Una platja. Les ones amunt i avall, el soroll del mar que em calma. Respiro, visualitzo les ones i em relaxo. Sona un soroll agut que sembla l'alarma d'una central nuclear. El soroll del camioner borratxo desapareix, i noto com el cos se'm desplaça cap als peus. La cara del noi sobresurt del final del cilindre. «Molt bé, campiona», em diu com si tingués dos anys. Però no li tinc en compte i l'abraçaria molta estona. És el meu salvador i, què collons, soc molt forta i molt feminista però em sembla que això és l'únic que vull, que em salvin. Que un home em salvi. Elimino aquest pensament tan fastigosament masclista de la meva ment. I l'abraço. Ell m'aparta, brusc, i em mira com si hagués vist un fantasma agressiu i caníbal.

10

«Com et trobes?», pregunta la terapeuta a la tercera sessió. La mataria. De veritat que m'aixecaria i l'escanyaria amb les meves pròpies mans. Des que ha entrat a la nostra vida som dos-cents euros més pobres i més infeliços. No ens està anant bé, no serveix per a res i tinc dues vèrtebres aixafades per culpa seva. Però no ho puc dir, perquè jo lluito. Lluito. En aquesta sessió fa moltes preguntes. Com són les nostres relacions sexuals, què ens agrada fer junts, per què ens vam enamorar l'un de l'altre. Són preguntes molt complicades. Però s'han de respondre. Jo sempre intento que ell contesti primer i ell fa el mateix. I és ella qui, amb la mirada intensa des de darrere la mampara, obliga un o altre a contestar. Les respostes són dures. M'adono que estem pitjor del que creia. El sento parlar de mi i em faig petita, i dèbil, i vull anar a buscar el meu ex de quan tenia vint anys i fer-li l'amor com quan tenia vint anys. Vull rebobinar i aturar-me en el moment precís en què tot va començar a trontollar.

«Podríeu dir-me quan vau començar a estar malament?».

I és en aquest moment que recordo l'obra del meu millor amic, el Jordi, també dramaturg i guionista, company de penes i alegries, que comença dient: «El moment precís. Quin és el moment precís? De tots els instants que conformen una vida, quin moment triaríeu per començar a explicar-la?», i faig el símil amb la meva possible futura separació. De tots els mo-

51

ments que conformen la meva vida en parella, quin moment triaria per començar a explicar la nostra crisi? O la meva possible futura separació? O què? Com anomeno això que ens està passant sense que faci massa mal? Sense que faci massa por? No li posem nom. Com les parelles que esperen a veure la cara del nadó per posar-li un nom. Esperarem a veure el final per posar nom al que ens està passant. Busco el moment precís en què tot va començar a anar-se'n a la merda. Quan vaig negar-me a anar a veure l'última pel·li de superherois amb ell. Quan ell va desconnectar clarament mentre li explicava l'argument del guió que tenia entre mans. Quan, per primera vegada, vam fer l'amor sense mirar-nos als ulls. Quan vam deixar de posar espelmes. Quan vam deixar d'anar agafats de la mà pel carrer. Quan va deixar de mirar-me amb aquella mirada. Quan vaig deixar de mirar-lo amb aquella mirada. Quan va néixer l'Oriol. Quan «el nen» es va convertir en una excusa per a tot. Quan vam deixar de llegir junts al llit abans d'anar a dormir. Quan ens vam deixar d'abraçar mentre dormíem. Quan vam deixar d'esmorzar al llit llegint els diaris. Quan vam preferir estar cansats que abraçar-nos. Quan vam deixar de fer l'amor cada dia. El dia que em vaig adonar que feia tres mesos que no fèiem l'amor. Aquell agost que no vam fer l'amor en totes les vacances. Quan vam deixar de fer-ho cada setmana. Quan ell va començar a parlar de la seva ex. El primer crit. La primera falta de respecte. El primer «No m'estàs escoltant». El primer «No t'interessa el que faig». El primer «Estàs massa grassa». La primera vegada que va veure un capítol d'una sèrie sense mi. Quan vam començar a mirar el Telenotícies mentre sopàvem. El moment en què jo vaig evidenciar la crisi.

«No, no estem bé», li dic enfadada a la cuina mentre em menjo un frankfurt amb mostassa i ketchup. «Tenim dos fills, és normal que»... «N'estic farta», espetego. «Farta de posar els fills com a excusa, farta de no mirar la realitat de cara». Segurament allà va començar tot. Una bola de neu que s'ha anat fent grossa, grossa i més grossa i que, potser, acabarà destruint-nos.

«Què ens està passant? Per què ens està passant? Com hem arribat fins aquí?».

Aquesta és la pregunta que li llanço a la terapeuta, a veure si en sap tant, a veure si em dona una resposta que em serveixi. No. «Això ho heu de saber vosaltres», diu. La mampara avui està bruta, més borrosa que de costum. Me la torno a imaginar fent l'amor sobre la taula amb qualsevol dels seus clients, d'aquí les taques, potser de semen, potser de suor. «En què penses?», em pregunta. M'invento alguna cosa, en els nens, en els sogres, en com ens vam conèixer. «Com us vau conèixer?». M'hi nego. Em nego a traslladar-me a un passat tan remot. Hem tingut dos nens des de llavors, hem tingut un accident de cotxe, la meva mare ha passat un càncer, som padrins de tres fillols, he après a fer pastissos, hem deixat de posar música quan fem l'amor. No som aquell parell que es va conèixer fa onze anys. I no em dona la gana d'explicar una història romàntica, ara. Vull parlar del present. Necessito solucionar el meu present. I ho necessito com més aviat millor.

53

2. FEBRER

Habitació doble d'ús individual

11

«Has de tenir paciència», em diu la meva mare. M'explica quan es va separar del meu pare, detalls que no necessito saber: que es bevia una ampolla de whisky cada nit, que un dia gairebé cau del balcó, que va començar a plantar marihuana. Ho diu com si llavors jo no fos filla seva, com si no anés a casa seva amb quinze anys i veiés les plantes de marihuana sobresortint de la barana del balcó. «Es veuen des del carrer, mama», li havia dit milers de vegades. «I què? Què faran? Detenir-me?». Era millor no contestar. Em diu que tingui paciència, que el temps ho posa tot a lloc. I la faig callar. Tòpics no, sisplau. Em parla com si ja estigués separada. Em pregunta per la custòdia, pels diners, pel pis. La faig callar una altra vegada i s'emprenya. «No sé per què vens si no em deixes parlar». Li faig veure que és ella qui ha vingut. Que s'ha plantat al meu *coworking*, que té un bar per als *coworkers* i que ella pretén utilitzar per quedar amb les seves amigues. «On vols que quedem si està tot tancat?». Em treu de polleguera. Comencen a trucar al timbre i la recepcionista va de cul obrint a senyores de setanta anys, encantades de tenir un lloc on prendre un cafè, i em mira amb mala cara. Menteixo dient que tinc una reunió amb un grup de senyores de la tercera edat per documentar-me per a una pel·li. La mama s'enfada perquè l'anomeno senyora. I de la tercera edat. Li demano sisplau que no torni a quedar al meu *coworking*, que em cridaran l'atenció. I només em faltaria que em fessin fora. Ara per ara és l'únic lloc on em sento segura. «Que trist», diu la meva mare sense cap mena de filtre. Em passo dues hores a la terrassa del *coworking* fent veure que prenc notes mentre la meva mare i les seves amigues parlen de com n'és de guapo, el Peter, del Satisfyer i del gigoló de la Wendy. Sí, una amiga de la meva mare es diu Wendy i paga un gigoló. Insisteix a donar-me el seu telèfon, que els gigolós són difícils de trobar, i els bons encara més. Dono la reunió per finalitzada i les acompanyo a la porta. La meva mare em disculpa davant d'elles, «Normalment és més amable, però s'està separant». «No m'estic separant», replico emprenyada. No he estat prou amable? Dues hores aguantant el rotllo a unes velles insuportables que es pensen que ho saben tot de la vida. Què és l'amabilitat, si no això? La Wendy explica que quan es va separar ella també ho va passar molt malament. «No m'estic separant, ni ho estic passant molt malament», la faig callar. «Ja», diuen totes alhora. I se'n van, deixant aquella ferum de perfum característica de les dones que intenten tapar l'olor del temps. Quan han marxat la recepcionista em pregunta «Suposo que la pel·lícula serà una comèdia, no?». Assenteixo. Què puc fer, si no?

12

Ell fa un gest de desaprovació. «Què passa, ara?», pregunto. La terapeuta em crida l'atenció, em demana que no sigui agressiva. Li estamparia la mampara a la cara. «Què passa, amor?», dic suavitzant el to. Ens continuem dient amor, tot i que ja no hi ha res que s'assembli a l'amor, tot i que només hi ha menyspreu, males cares, males paraules i astènia. Una astènia primaveral eterna que s'ha instal·lat en la nostra relació i que sembla que no té intenció de marxar. De nou, ell busca la complicitat amb la terapeuta, li diu que el tracto malament, que sempre li parlo des d'una superioritat que el fereix, que el menyspreo. L'escolto i no reconec res del que diu, i segurament aquest és el quid de la qüestió, que no comparteixo res del que ell afirma que ens passa, que ell no comparteix res del que jo afirmo que ens passa.

Vivim en mons diferents. Ell en un món on jo soc un monstre egòlatra que l'humilia i jo en el meu món de cavallers que rescaten princeses. Un altre cop. Un altre cop aquesta imatge, el cavaller que em cuidarà, que em salvarà. Volia que fos això, ell? El príncep que em salvés? Segurament. I també volia amor, tendresa. Una mica de tendresa i de comprensió. Ho exposo, i ell replica que el que jo vull és un fan, algú que em digui que ho faig tot bé, que soc perfecta, que soc una gran escriptora, que soc una gran persona. «Doncs sí», confesso. I es fa un silenci. És demanar molt que la meva parella m'idolatri, que m'admiri? No busca això, la gent, en l'altre? Admirar i ser admirat? No és això, l'enamorament? Soc realment un monstre? Soc la malvada del conte? Ell fa que no amb el cap. No suporto aquest gest, aquest moviment lent i segur, que el posiciona en un estadi superior, en un terreny diví, per sobre del bé i del mal i, sobretot, per sobre meu. A ell no li calen paraules. Sempre ha estat així. Els meus missatges de WhatsApp a l'inici eren missatges llargs, sense faltes, amb adjectius, exagerats i romàntics. I les seves respostes, emoticones. Sempre emoticones. La cara que plora de riure, la ballarina de flamenc, el mico que es tapa els ulls. Me'n vaig adonar un dia ensenyant-l'hi al meu amic Jordi, que, sent guionista com jo, també té aquesta tendència a inventar-se la vida i a fabular. Li vaig ensenyar una de les converses que havíem tingut amb ell per WhatsApp. I em va fer veure que només parlava jo. Em va explicar que a Tinder, l'aplicació que fa servir per lligar, hi ha una manera evident de veure si l'altre està interessat en tu. «Et parla o et respon?». Aquesta és la pregunta que em va fer el Jordi. I que ara em sembla la clau de tot plegat.

Ho vaig revisar amb horror. Tot el xat estava tenyit de verd i interromput molt de tant en tant per alguna emoticona. Ni una paraula. Estava començant una relació amb algú que no em parlava, que només em responia. Només contestava amb lletres quan li deia «Bona nit» i ell responia «Ídem». «Ídem!». Com vaig poder tolerar-ho? No ho veia? No me n'adonava? Ara aquells xats se'm revelen com el resum del que ha estat la nostra relació. Jo inventant-me la vida i ell responent amb brevetat, gairebé per obligació. Per complir. M'encaixa. Em reconec en aquesta sensació d'obligatorietat d'ell. De complir, no per fer-me feliç sinó per seguir... el camí? El camí que jo li marcava? Anar a viure junts, el primer fill, el segon. Tot ho he triat jo? No li he deixat espai? És això? És com al xat? Parlava tant que no li deixava res per dir? M'he casat i he tingut dos fills amb un home que s'ha limitat a respondre'm? «Ídem», recordo. I se'm clava al pit com un punyal, i el meu cor sagna i en brolla sang coagulada de fa anys. La sang que hauria vessat per ell al principi, tot i que només em parlés amb emoticones. «Ídem». Aquesta és la prova definitiva de la nostra diferència.

Em quedo en silenci, molta estona. Ells tampoc parlen. De cop m'hi sento bé, en aquesta calma impostada. En aquest despatx fred, davant de la mampara bruta. Això ho tenim, ell i jo; sabem estar callats molta estona. Junts. Diuen que això és important i jo ho he volgut creure tots aquests anys, però m'adono que no és cert. Que l'important és saber parlar, saber conversar, tenir interès sempre pel que t'explica l'altre i poder estar hores xerrant amb la teva parella. Això és el que a mi m'agradaria fer amb ell, però ho practiquem més aviat poc, com el sexe. De silenci, en canvi, en sabem un munt. Per això no ens incomodem. I continuem callats.

Començo a impacientar-me quan penso en el preu per minut de la consulta. Si ens costa cent euros i dura seixanta minuts, això fa un preu d'1,666666, etc. el minut. Un número diabòlic. No em sorprèn. És ella qui trenca el silenci. Això el Jose Mari no ho faria mai. El meu terapeuta es pot estar hores callat, n'estic convençuda, però no ho he comprovat mai perquè jo no deixo espai per al seu silenci, jo només parlo i parlo i parlo, i omplo el buit, perquè em provoca terror. Al Jose Mari tampoc li deixo espai. Soc un monstre, un monstre que es menja l'espai dels altres, que no escolta, que no deixa ser ni existir. Un monstre del qual ell vol fugir sense mirar enrere.

Es disposa a proposar-nos un altre exercici. A cada sessió la trobo més farsant. Agafa dues cadires i les col·loca una davant de l'altra, ens hi fa seure. I ens demana que ens mirem sense dir res. El miro, i al moment em ve la imatge de l'Oriol mirant-me i pixant-se de riure. Sempre juguem a «Qui riu abans». Ens mirem en silenci, i normalment és ell qui riu primer. Ens partim de riure. Amb el meu fill gran riem com fa anys que no ric amb el seu pare. Però ara el miro, intensa, pensant que potser ens passarà com al joc, que se'ns escaparà el riure, que això ens unirà i que d'això va l'exercici. Però ell està seriós, com és ell, tan greu sempre, tan enfadat, tan dur.

La vida és una altra cosa, penso. La vida no hauria de ser això. Jo només vull riure i que em cuidin. I sí, soc una nena petita de quaranta-un anys i segurament és patètic. Però és el que desitjo, és el que necessito. Ser feliç, ara que no hi ha res greu a les nostres vides. «No tenim cap problema», li dic sempre. I ens passaran coses, perquè a la vida passen coses. Els nostres pares moriran, algú caurà malalt... Les coses dolentes de la vida arribaran un dia o altre. I mentre això no passi hem de ser feliços. Ja que som uns privilegiats que vivim al primer món amb totes les necessitats cobertes, tenim l'obligació de ser feliços. I de riure. De riure per tot i sense cap motiu.

«En què penses? Digue-ho, a raig», em demana la terapeuta. I obeeixo: «Vull ser feliç». Ell em mira, seriós. I fa una ganyota com de menyspreu. Ara soc jo qui fa que no amb el cap. «En què penses?», li pregunta a ell. Ell fa per mirar-la a ella, però ella li fa redreçar la mirada cap a mi. «En *Breaking Bad*», respon. I em mossego el llavi inferior amb el superior, com feia quan tenia tres anys, òrfena de xumet. On és el xumet que em calmava? On és la parella que em feia sentir com si tot tingués un sentit, com si el caos de l'univers s'hagués posat a lloc de cop, en ell i en mi? On és ell? En qui s'ha convertit? «Com?», pregunto, però ella em diu que no puc parlar, ara. Que és el seu torn. I li demana que s'expliqui. Ell diu que pensava en la sèrie, en *Breaking Bad*, una de les primeres sèries que vam veure junts. Tota seguida. Que llavors no m'adormia. «Llavors no teníem dos fills», responc, farta de ser sempre la culpable de tot. I ella em torna a fer callar, aquesta vegada més autoritària, amb un to de veu que m'espanta. M'agrada menys que mai. Jo no pago cent euros perquè aquesta senyora em faci callar cada vegada que parlo, però, un cop més, obeeixo. Ell no diu gaire res més. Simplement que abans vèiem series junts i jo no m'adormia. És aquest el gran problema de la nostra relació? Que m'adormo quan mirem sèries? Hi ha alguna cosa més depriment que veure sèries amb una parella? Que l'activitat estrella de les parelles del segle XXI sigui veure una sèrie d'alguna plataforma cada nit és una cosa lloable? No sé com he pogut tenir fills amb algú d'un altre planeta. No sé com hem sabut parlar un idioma similar, com hem pogut prendre decisions conjuntament. No entenc res i, ara sí, estic convençuda que mai a la meva vida m'havia sentit tan perduda.

13

Quan li dic que he d'anul·lar la següent sessió perquè he d'anar a Madrid a fer un parell de reunions importants no em contesta fins al cap d'uns segons interminables. «Tu mateixa», em diu. El mateix que deia el meu pare quan era adolescent i li preguntava si podia tornar a les tres de la matinada. Un «tu mateixa» carregat de prohibició i de retret. «És la meva feina, no puc no anar-hi». «Sempre la teva feina», i se'n va a l'habitació dels nens, que ja fa estona que dormen. Agafo el mòbil, dubto si enviar un missatge al productor. Podria dir-li que tinc símptomes de Covid, la gran excusa que ens ha regalat aquesta pandèmia. O que he estat en contacte amb un positiu, encara millor. Però no vull mentir, ni eludir responsabilitats perquè tinc una crisi de parella. I necessito marxar. A Madrid no hi ha restriccions, està tot obert. Necessito una canya, dues, deu, i anar a sopar a fora i oblidar-me del món. Dos dies. Només seran dos dies.

En el darrer any he anat moltes vegades en AVE a Madrid, però no m'acabo d'acostumar a dur la mascareta posada tanta estona. Me l'abaixo dissimuladament, traient el nas per respirar. Quines ganes de tornar a viure alliberats de mascareta, d'aspirar virus, pudors, vida. Una vida que sentim arravatada des de fa tants mesos.

Des de l'hotel fem una videotrucada. Els nens estan acostumats que marxi, i també a les videotrucades. El Josep abraça el telèfon, per fer-me una abraçada i a mi se m'encongeix una mica el cor. Pobre nen mancat de mare, penso. La culpabilitat maternal que els homes desconeixen. Aquella culpa que se t'arrapa al pit i no et deixa respirar. Els posa uns dibuixos i continuem xerrant ell i jo. Em diu que la terapeuta li ha proposat fer la sessió d'aquesta setmana per videotrucada. Em sembla una idea nefasta, però a ell no. Em retreu el meu viatge a Madrid, en un moment tan decisiu per a la nostra relació. Ho diu com si a Madrid hi fos per anar de festa, com si la meva feina fos un passatemps. Obvio el comentari, no tinc ganes de baralles i menys a distància. Li dic bona nit i temo que contesti «ídem», però no ho fa. Respon amb un «bona nit» sec, però almenys en pronuncia totes les lletres. I pengem.

La paraula «decisiu» no em deixa dormir. Em prenc mig orfidal, però continuo amb aquella angoixa que m'embolcalla tot el cos des que el meu fill ha abraçat un telèfon pensant que era sa mare. Una altra meitat. Em fa pànic enganxar-m'hi, però necessito descansar, necessito parar el cap, deixar de pensar. «Decisiu». Estem decidint. Estem fent teràpia per decidir si seguir junts o separar-nos i aquesta certesa se'm clava com un sabre i em parteix per la meitat. Mig orfidal més, només aquesta nit.

La reunió és amb un productor que no conec, que em vol oferir una pel·lícula. La productora és a la Gran Via madrilenya, en un pis antic i molt gran. Pòsters de les produccions que han fet durant més de vint anys d'existència omplen les parets. Tot està organitzat perquè qui entri vegi que són grans, que són importants. A l'entrada, gel hidroalcohòlic i mascaretes FPP2 de tots els colors. La casa és gran. Un auxiliar de

65

producció em fa seure al sofà que hi ha al rebedor i, al cap d'una estona, la porta que hi ha just al davant, de dues fulles, s'obre de bat a bat. L'ha obert el productor, amb les dues mans, com si fos un cowboy que entra en un *saloon* de l'Oest. Em fa passar. La sala de reunions fa més de seixanta metres quadrats i en una prestatgeria s'exhibeixen les estatuetes de tots els premis que han rebut. Impressiona. Funciona. Tinc ganes de treballar per a ells.

Torno a l'hotel emocionada i mentre camino per la Gran Via, plena de vida, i de virus, li truco. Li explico que ha anat molt bé, que m'han proposat escriure una adaptació d'una sèrie de misteri britànica, que té molt bona pinta. Que he dit que sí, i que em faran un contracte de seguida. A més, el preu que m'han proposat fa pujar el meu catxet considerablement. Ell contesta amb monosíl·labs, no fa cap comentari i pregunto pels nens. Estan molt bé. Allarga la o del «molt», i rebo el missatge traduït: estem de conya sense tu, no necessitem cap mare workahòlica, aquí, no necessitem cap dona inestable ni egòlatra, soc el millor pare del món i me'n surto la mar de bé sense tu, de fet, me'n surto millor sense tu, els nens estan més tranquils, puc prendre les decisions tot sol, miro les sèries que vull i no he d'aguantar els teus roncs del sofà estant. Em penja perquè té els nens a la banyera i el reclamen. Un home assegut a terra amagat darrere un cartell on hi diu «No tengo trabajo, tengo hambre», em mira suplicant. Li dono el que tinc al moneder, un bitllet de vint i monedes. Per pal·liar així la culpa que em rosega l'ànima.

M'assec en un bar de Chueca, demano una canya. Les canyes de Madrid són una benedicció. L'angoixa no em passa i en demano una altra. Fa anys, amb les canyes donaven tapes generoses: fideus a la cassola, mandonguilles, fins i tot entrepans sencers. Però fa temps que això ja no és així. Com més cosmopolita i menys *castiza* es va posant la ciutat, més olives i patates xips. Les xips em fan encadenar una canya darrere de l'altra, sis en total. Petites, no és tan greu. Però ja és gairebé l'hora del dinar que tinc amb el guionista que ha escrit amb mi una altra pel·lícula que hem enllestit fa poc. No ens coneixíem de res i tota la feina la vam fer amb videotrucades, mails, missatges. Un procés de bogeria per a una època de bojos. Avui hem quedat per primera vegada per comentar la darrera versió i per veure'ns en directe. Quin món tan estrany, aquest que ens ha tocat viure! Quan m'aixeco m'adono que les cerveses no eren tan petites com creia i m'agafo al tamboret de la taula del costat per evitar la caiguda. Mostro el palmell de la mà a la parella que seu a la taula, com volent dir «Tot controlat». Res més lluny de la realitat. Segurament és el moment de la meva vida en què menys controlat ho tinc tot.

Segueixo el punt blau al Google Maps fins que arribo al carrer Fuencarral. L'aire em fa passar la sensació d'estar borratxa, tot i que ho estic. Enfilo cap amunt evitant els passejants que compren impunement a les botigues, obertes en horari comercial habitual. A Barcelona només obren entre setmana, i els centres comercials estan tancats. Madrid, un altre món. Irresponsable, perillós, però collons, com s'agraeix la llibertat. La boleta blava em mareja pels carrers de Malasaña fins que, després de fer-me fer una volta exagerada, em condueix al restaurant. El veig des de fora, assegut a la taula que dona a la finestra. El guionista em veu, aixeca la mà i em somriu. I és en aquest precís moment quan m'adono que aquest somriure és l'últim que necessito ara mateix. O precisament el contrari. Que és el que fa mesos que estic esperant. Entre tots dos ens hem pres dues canyes, una ampolla de vi i tres cremes d'orujo. Ara em diu d'anar a fer un gintònic. Em sembla bé aprofitar que tot està obert, i no m'hi nego. Encara tenim moltes coses per comentar de la feina, així que no em sento culpable. A Madrid es treballa entre canya i canya i els contractes es firmen amb un gintònic a la mà. Així que l'únic que estic fent és adaptar-me al medi. Em porta a un local on, amb el gintònic, hi posen llaminadures. Això només ho he vist a Madrid, i em sembla increïble que no ho facin a tots els bars del món. No hi ha millor combinació que un gintònic amb un osset de goma. Al segon gintònic li explico el que m'està passant amb ell. Li sap greu, i elogia que no ha notat en cap moment que estigués passant per això mentre escrivíem el guió. Em sento orgullosa d'haver amagat els meus sentiments a la feina, d'haver-me negat el que em passava, de no haver deixat que el que sentia m'afectés professionalment. Aquest afany de productivitat obsessiu, aquest desig de ser una superdona sempre. Què passarà quan obri la capsa de Pandora? Quan deixi sortir tot el que tapo? Tot el que tanco amb pany i clau dins meu? Al tercer gintònic m'importa poc. Ell m'explica que fa sis anys que està amb una noia, que estan bé, que estan pensant a tenir un fill. Pobret, penso. No sap el que li espera. Però somric alimentant la idea que la parella i la família són una bicoca, que són l'objectiu que tothom ha de tenir a la vida. El mòbil em vibra a sobre de la taula. Videotrucada entrant d'ell. Merda. Surto a fora i despenjo. Els meus fills em saluden vestits del Barça i m'ensenyen el dibuix que m'han fet entre tots dos.

L'Oriol, jo, el papa i la mama, diu el Josep. La puta família perfecta que ens han explicat les pel·lis, els contes, els llibres, les sèries, els dibuixos animats. La família perfecta que els meus fills creuen que tenen i que està a punt d'explotar i desaparèixer per sempre.

Quan torno, el guionista m'agafa la mà, borratxo, i em diu «M'agrades des del primer Zoom». Ho fa sense cap mena de preliminar. Sí que en algun moment del dinar, i a les copes, he notat que la nostra mirada es creuava amb una durada incòmoda. Però això? Després de dir-me que vol tenir fills amb la seva parella? Per què estem tots tan malament del cap? Em mira amb tendresa i li estrenyo la mà amb força. Ens somriem, tímids, criatures, amb ganes de jugar, de vibrar. És la declaració d'amor més surrealista que m'han fet mai. Però em mira amb desig. I m'agrada. I no m'aparto quan ell se m'apropa per sobre la taula per fer-me un petó. Hauria de marxar corrents, salvar el meu matrimoni, anar a reconstruir amb esforç, sang i suor la família perfecta del dibuix. Però em quedo, deixo que segui al meu costat i que em digui les coses meravelloses que ha vist en mi i que ell fa mesos que no veu. I em ressona la paraula «independent», l'única virtut que em va trobar l'home amb qui comparteixo la vida des de fa onze anys, mentre el guionista em diu que soc divertida, intel·ligent, que soc tendra, que li agrada com miro la vida.

Em fa petons, amb el desig i l'ànsia de qui fa mesos que ho està esperant. I el toc de queda ens salva. Són gairebé dos quarts d'onze i a les onze tots hem de ser tancats a casa, a l'hotel, lluny dels carrers. Ens porten el compte, el paga ell, que jo ja pagaré a Barcelona, em diu. També ens veurem, a Barcelona? Ai, quin merder.

M'acompanya a l'hotel. A la porta em fa més petons, em comença a passar la mà per sobre la natja dreta, m'apuja la faldilla, i enfonsa els dits dins dels meu leggings. I li diria que pugi, ara mateix, que no he estat infidel en ma vida, però que la meva parella està acabada i que necessito sentir-me viva, que m'abracin, que em diguin que valc la pena, que soc alguna cosa més que una dona independent. No l'hi dic, perquè sé que me'n penediré. I ell ho entén i marxa, després de fer-me un petó llarg, intens, Gran Via amunt, buida de cotxes i de gent. Ja són més de les onze.

14

Em desperto amb el soroll de la videotrucada. Miro la pantalla mentre lluito amb una punxada de mal de cap que feia anys que no sentia. Ressaca. Merda. És la terapeuta. Despenjo. «Hola, què passa? Soc a Madrid», dic. «Teníem sessió ara». «Què? No ho sabia». Llavors entra ell, per l'altra línia. Els tinc tots dos a la pantalla del meu mòbil, petits, quadrats. Ell diu que ho va posar al calendari compartit que tenim al telèfon. Així és com ens comuniquem. Amb un calendari compartit. Ell rebufa, retraient-me que no ho hagi vist. Demano cinc minuts. Em rento la cara, em passo la pinta, i em poso un vestit. He contestat en pilotes, tapada amb el llençol. Vaig arribar tan borratxa que em vaig treure la roba, que s'acumula caòtica repartida pel terra, i em vaig posar a dormir completament nua, com dormia sempre que ho feia amb ell, els primers anys. Quant temps fa que no dormim nus? Quant fa que ens allitem amb pijames desconjuntats i antilibido?

Parla ella, i ell mira la pantalla del seu ordinador, absent. Diu que ahir ell li va trucar, que «ha pres una decisió». Qui? Ell? I et truca a tu per dir-t'ho? No entenc res. De què parlen? Ho diu ella, primer amb aquest eufemisme: «Ha pres una decisió». Intueixo a què es refereix, temo què deu voler dir, però em resisteixo a creure-m'ho. No em deixa gaire temps per donar-hi voltes i de seguida és més clara: «Es vol separar», diu com si fos *Mari Carmen y sus muñecos* quan feia parlar Doña

Rogelia. «Perdó?». Ell no diu res. És ella qui parla, tota l'estona. Parla per ell, i jo el miro des de l'habitació de l'hotel, encara amb el gust d'alcohol sota la llengua, amb la gola seca, i amb pudor a l'alè. «Però...». El miro, no em mira. Li exigeixo que em miri. «M'agrades des del primer Zoom», em ve al cap com un punyal. En menys de dotze hores, una declaració d'amor pandèmica i una petició de separació per Zoom. «Vols que ens separem?», li pregunto mirant la rodona negra que amaga la càmera del telèfon. «Estic cansat de lluitar», és la seva resposta. Acaba de deixar una família per videotrucada, onze anys de relació, dos fills, un cotxe, un pis, sexe, plors, riures, vacances, viatges, aniversaris, dinars, mones, sopars, Sant Joans, Caps d'Any... «Però... N'hem de parlar, ho exigeixo, no pot ser que així, amb ella davant, per Zoom...». Treballo amb paraules, i ara mateix soc incapaç de pronunciar una frase amb sentit. Miro el meu mòbil estupefacta, sense entendre què acaba de passar. «He contactat amb una mediadora, prefereixo que ho fem tot amb ella», aclareix. I penja. I em quedo sola amb la terapeuta. «Està enfadat, però ho té molt clar», diu la filla de la gran puta que m'ha destrossat la vida. Quatre sessions, quatre sessions per capgirar-me la vida de dalt a baix. Per arrencar-me la meva estabilitat, la meva calma, els meus fills i el meu marit.

I ara, què?

15

Quan a les entrevistes algú em pregunta quina diferència hi ha entre el cinema i el teatre, a part que li encastaria una sabata a la boca, sempre estic temptada de contestar: que hi ha diners. Perquè per a mi, segurament capitalista i classista, aquesta és la diferència més gran entre treballar en una producció teatral o una de cinematogràfica. La diferència número u és el sou, per descomptat. I després hi ha coses que semblen petites però que marquen la gran distància entre l'un i l'altre. L'hotel que et posen quan viatges a Madrid per teatre, per exemple: un hostal barat o casa d'un amic del productor o de la productora, o, directament, el pis del productor o de l'actor o l'actriu que han posat diners de la seva butxaca perquè es faci l'obra. En cinema, l'hotel mai no té menys de quatre estrelles i està sempre al centre, normalment en plena Gran Via. I sempre se't consulta abans si et sembla bé l'opció que han triat. Si demanes estar al barri de Salamanca, a Malasaña o a qualsevol altra zona, no hi posen cap pega. Amb el bitllet de l'AVE és on, clarament, la diferència és més gran, i és el que fa que un viatge pugui ser un infern o una delícia. En cinema sempre és en preferent, cosa que implica més espai, viatjar sola en un seient individual sense companys ni companyes de viatge sorpresa i, al ser preferent, sempre es pot canviar. No sé si la felicitat es paga amb diners, però la llibertat, de vegades, sí. I aquest és el cas.

Parlo amb un teleoperador d'atenció al client de Renfe que m'ha agafat el telèfon a la primera. No tot pot sortir malament. Al web he vist que surt un tren a les dotze, i li demano al taxista que corri per poder-lo agafar. El taxista, com era previsible, no para de parlar-me, encara que jo estic tenint una conversa al telèfon. Això no és cap impediment per a un taxista madrileny. M'explica el drama de ser taxista en plena pandèmia: que si Madrid està mort, que amb el toc de queda és un desastre i un etcètera de desgràcies i calamitats que explica com si fossin una novetat per a mi, com si jo no visqués en un món infernal, com ell i tota la humanitat, des de fa més d'un any. M'expressa la il·lusió que li ha fet que jo agafés el taxi després de sortir per la porta de l'hotel. Feia mesos que no pujava al cotxe un client sortint d'un hotel, m'assegura. Si va a Barcelona li agafa alguna cosa, pobre home, allà sí que està tot mort. Però continuo parlant amb el teleoperador, que em confirma que hi ha plaça per al tren de les dotze. L'AVE, des del coronavirus que va més buit, i també hi ha menys trens. Això significa que ja no n'hi ha de directes i toca fer parada a Guadalajara, Saragossa, Lleida Pirineus i Tarragona. És igual, vull sortir ja. Vull córrer cap a casa i veure'l, parlar-hi abans d'anar a buscar els nens a escola.

Asseguda en el meu seient individual de classe preferent, en un vagó lliure de nens i de soroll i acompanyada d'homes amb americana i corbata que teclegen en els seus ordinadors, agafo el telèfon i li truco. No em contesta. Li torno a trucar, ratllant l'assetjament, i ho faig fins a sis vegades. Enregistro un missatge de veu per WhatsApp i, mentre el faig, un dels executius em crida l'atenció fent el gest de silenci amb la mà. M'aixeco, em tanco al lavabo i torno a començar la nota. Quan l'acabo, l'escolto: «Hola amor, bon dia». Com si no haguéssim parlat fa una estona, a través d'una pantalla, com si no m'acabés de dir que es vol separar per Zoom mitjançant una terapeuta ventríloqua. «He canviat el bitllet i arribo a Sants a les tres quaranta-cinc». M'adono que no he dit l'hora en català correcte, cosa que ell no suporta, i rectifico. «A tres quarts de quatre. Trucaré a la meva mare perquè vagi a buscar els nens i així tu i jo podem parlar. Quedem a casa, d'acord? T'estimo». Quant fa que no li deia t'estimo? Com a mínim des que tot això va explotar. Des que, des del meu punt de vista, vaig assenyalar l'elefant de l'habitació i, des del seu, ho vaig incendiar tot. És això el que he fet? Incendiar-ho tot? Cremar el millor que tenia a la meva vida? La meva família? El meu home? Els he fotut en una pira, els he ruixat de gasolina i he encès un llumí? Un altre cop em sento culpable, em carrego la responsabilitat a mi perquè ell me la va carregar aquell dia, quan li vaig dir que no estàvem bé, que no podíem posar els fills com a excusa. Quan es va encendre la guspira que, si no hi poso remei, ho acabarà calcinant tot.

Arribo a l'estació de Sants i salto del vagó la primera. No sé si mai havia tingut tanta urgència per tornar. Potser al principi, quan tornava d'un dels meus primers viatges a Madrid i ell i jo feia poc que sortíem. La monotonia d'una relació és proporcional a les ganes que es tenen de tornar a casa. Llavors em va venir a buscar amb un ram de flors a l'estació. Una vegada va ser romàntic, una vegada va ser el meu cavaller. Arribo a l'estació i no m'hi espera ningú. Vaig directa a la parada de taxis, buida, i li dono la maleta al taxista sense dir ni hola. El taxista tampoc no diu res. Estimo Barcelona, sobretot, pel silenci dels seus taxistes.

Li torno a trucar, com deu vegades. S'ha matat amb el cotxe? S'ha suïcidat? El trobaré penjat d'alguna biga? Però no hi tenim bigues, a casa. Començo a rumiar on podria penjar la corda si se suïcidés al pis. I només se m'acut que ho fes des del mànec de la dutxa. Però cauria. Com a molt potser es trencaria el turmell o un braç. Pot ser, això? S'ha penjat del mànec de la dutxa i està estès, nu, amb el turmell de la mida d'una pilota de pàdel? S'ha tallat les venes. Arribaré i me'l trobaré a la banyera, amb dos talls verticals travessant-li els canells? No. Ha agafat tots els meus orfidals i s'ha fotut l'ampolla de ginebra sencera i el trobaré... Sona el telèfon i interromp el meu bucle. A la pantalleta: «Montse».

La Montse és la dona que em cuidava quan jo era petita i que, quan tenia cinc anys, em va salvar la vida. Em va trobar amb una cama a l'altra banda de la barana del balcó, i, just després de creuar l'altra per anar a casa dels veïns, segons vaig afirmar després, em va enganxar per les orelles del pijama de Mickey Mouse, quan ja estava penjant al buit. Es veu que va estirar les orelles molt fort, i va tenir por que el pijama es trenqués i quedar-se amb unes orelles de Mickey a la mà i una nena esclafada contra l'asfalt. Vivíem en un sisè pis i la caiguda hauria estat mortal sense cap mena de dubte. Ara, trenta-sis anys després, em torna a salvar la vida. Ens ajuda molt amb els nens. Es fa càrrec dels dos nens un parell de dies a la setmana, i així tots dos podem allargar l'horari laboral. La Montse té cinquanta-sis anys i més energia que una noia de vint. Va a buscar els nens els dilluns i els dimecres, avui és dijous. Despenjo. M'explica que li ha trucat ell per demanar-li que anés a buscar els dos nens. Que els portarà al parc, que fa molt bon dia. I que no faci res per sopar que ha preparat croquetes.

Encara que a la meva mare li fa molta ràbia quan l'hi dic, la Montse és com la meva segona mare, però sense que em faci posar nerviosa i sense que utilitzi la informació que li dono en contra meu quan s'enfada.

L'hi explico tot per telèfon. Ella estava al corrent de la nostra situació, de la teràpia. «Per Zoom? No pot ser». «És que no serà», li dic. «No em deixarà per Zoom, no pot ser tan desgraciat, tan incapaç, tan...». Ella em frena, em diu que vagi a casa i que, quan hagi anat a buscar els nens, ens trobarem allà. Però què vol dir? No hi serà, ell, a casa? La seva resposta m'enfonsa: «Tu no pateixis per res». Em diu en un intent fallit de frenar l'angoixa que em neix al pit, i que es farà gran i em paralitzarà fins que em prengui el trankimazin que sempre porto a la funda del mòbil.

O sigui que no s'ha matat en un accident de cotxe, no l'han atropellat, no s'ha tallat les venes a la banyera del nostre bany en suite ni té una sobredosi d'Orfidal. Ha trucat a la Montse perquè agafi els nens. Li torno a trucar. I, just quan penjo, rebo una alerta del calendari. «Ell t'ha convidat a un esdeveniment». L'obro. Reunió: mediadora. Hora: 11. Ubicació: rambla Catalunya, 12, 8è 2a». Rambla Catalunya? Una altra vegada? És una broma?

No em parlarà mai més? Es comunicarà a través del calendari per sempre? Ens separarem per Zoom i organitzarem la separació amb un app de calendari? Al mòbil, un missatge clar que necessita resposta: «Acceptar o refusar». Sento que el que premi marcarà la meva vida per sempre. I no premo res.

El Jose Mari sempre diu que tinc dret a tenir dubtes, a no saber què decidir. Que vivim en una societat on sembla que tot s'ha de tenir claríssim a la primera, i ell reivindica el dret a dir «No ho sé». Així que, asseguda al seient de darrere del taxi, començo a cridar-li al mòbil: «No ho sé!, no ho sé!». El taxista em mira pel retrovisor, però no diu res. Ara m'agradaria ser a Madrid i que el taxista em preguntés «¿Qué pasa, mujer?». Li explicaria que el meu marit, el pare dels meus dos fills, m'ha abandonat i ara m'envia un esdeveniment del calendari com a única forma de comunicació. Que ha posat una tercera persona entre nosaltres per gestionar la nostra separació. Però callo i començo a trucar compulsivament, una, tres, sis, deu vegades, fins que a la dotzena salta el contestador directament. Ha apagat el mòbil. No pot ser. No ho pot fer. On és? On s'amaga? No vindrà a dormir? Això ho fa un rotllo amb qui t'has embolicat quatre vegades, no un marit, no el pare dels teus fills. Penso si trucar als meus sogres, o al seu germà. Dubto que els hagi explicat res. Dubto que sàpiguen on és. I no vull convertir aquest malson en una cosa real. Això no serà res més que una anada d'olla d'ell, deu haver tingut un problema a la feina, se li ha parat el cap, però tornarà, tot tornarà al seu lloc. Només he de tenir paciència, com diu sempre la meva mare.

16

Quan arribo a casa, el primer que faig és anar a mirar el seu armari. És capaç d'haver-ho agafat tot, d'haver marxat per sempre. Somric quan veig les seves camises ben planxades i el primer calaix amb els calçotets ordenats com la Marie Kondo recomana. Cap amunt i ben plegadets, per veure'ls bé. Només veient els nostres armaris n'hi hauria d'haver prou per comprovar que la nostra història no ha tingut mai cap sentit. Ell, seguint les directrius de la japonesa, impecablement ordenat, ho té tot apilat, endreçat i alineat. Jo obro la fulla de la meva part de l'armari i cauen un parell de pantalons i una faldilla que estan entaforats de mala manera sobre una pila de roba per guardar, barrejada amb joguines dels nens i roba de quan l'Oriol tenia mesos en bosses, esperant que l'endreci en alguna banda. Buido la maleta a dins, i faig la pila més gran.

Agafo la roba bruta i poso una rentadora. És la primera rentadora que poso en mesos. Per què ho faig? Per fer-lo feliç? Perquè vegi que jo també puc ser una dona que posa rentadores? Per recuperar-lo? Fer les feines de la casa farà que el pugui recuperar? Això vol dir que l'he perdut? No puc parar el meu cervell. Intento relaxar-me, respirar, em prendria un altre trankimazin però els nens estan a punt d'arribar i he d'estar per ells. No em puc convertir en una mare politoxicòmana, he de ser forta. Sempre ser forta. Sempre aquesta exigència que ve des de la infància. Sempre haver de treure les millors notes, ser la més educada, la més madura, la més intel·ligent, la que escriu poemes amb cinc anys. S'obre la porta i sento que la Montse diu «Qui hi ha? Qui hi ha?» i el Josep crida «La mamaaaaa» com si m'olorés, i l'Oriol va cap al menjador i es llança sobre meu, i després ho fa el seu germà petit i jo els arrapo fort amb els braços i els retinc contra el meu pit, per protegir-los de tot el que vindrà. No. Per protegir-me a mi, per sentir que no estic sola, que no tornaré a estar sola mai més perquè els tinc a ells, perquè ells no em fallaran mai. M'adono de l'egoisme del meu acte, i me'n separo gradualment, suau, maternal. «Va, abric i sabates», els dic en un intent de sentir que controlo alguna cosa de la meva existència. Mentre són a la seva habitació, la Montse m'ensenya el missatge que li ha enviat ell. «No dormiré a casa. Petons als nens». Ara es comunica amb la cangur en lloc de comunicar-se amb mi? «Millor», em diu la Montse. Ella també té dos nens, ella també es va separar quan eren petits, ella serà la meva coach de separació, ella serà la meva Supernanny, ella em salvarà.

    Quan els nens dormen agafo el mòbil. No sé a qui trucar. A la meva família? A la seva? La seva que era meva fins avui? Encara és la meva? Truco a la Glòria, però no me l'agafa. Mai respon, té tres nens. El Jordi segur que l'agafarà, és gai i solter i hi ha toc de queda. Però no l'agafa. Deu estar mirant una sèrie o fornicant amb algú de Grinder. I si truco a la meva germana? Ho faig. Error. Respon, li explico la situació suavitzant-la una mica. No li dic que la ruptura ha estat per Zoom. Ella, en un intent fallit de consolar-me, em diu que millor, que les seves amigues separades són més felices, que follen molt i que estan encantades de no tenir els nens cada dia. «Ja». «De debò», insisteix, «ara ho veus fatal, però d'aquí no res estaràs de puta mare». «Gràcies», dic, «me'n vaig a dormir». I penjo. I començo a plorar sentint un buit que feia anys que no sentia. Repasso l'agenda buscant algú que em faci companyia, que em salvi, que em rescati, que em doni la corda per sortir d'aquest pou. Ell. És ell qui m'ha de salvar. És a ell a qui estimo. Sí, encara l'estimo. Han passat coses, ens hem distanciat, jo he comès errors, també. No som perfectes. I això està bé. Li truco, i no em contesta. És com si s'hagués mort d'un atac de cor, de sobte. Però sense funeral, ni vetlla. Rebo un missatge. És ell. «Parlem demà». I ja està. M'ha fet fora de la seva vida a puntades de peu, per Zoom, sense anestèsia i sense marxa enrere. No em vol escoltar, no li importa el que pensi, no li importa el que senti. Ha decidit abandonar-me, ho té clar i li és igual si em moro d'un atac d'ansietat. Li soc igual. I jo l'estimo. No pot ser que tot hagi canviat tant en tan poc temps. A l'estiu... Quants mesos fa de l'estiu? Estàvem bé. Érem feliços. «Estic molt bé», li deia a la Glòria, i al Jordi i a tots els que passaven per la casa que vam llogar a l'Empordà. Mentia? Els mentia a ells? A mi? O era veritat? Estàvem bé i en uns mesos ell no em vol ni contestar al telèfon?

Agafo els nens i me'ls poso al llit, perquè em prendré un orfidal, i així segur que els sentiré si es desperten. Soc la pitjor mare de l'univers, soc una addicta, tinc ansietat, tinc por i estic sola. I els abraço a tots dos alhora, que respiren fort quan dormen, i noto el seu alè sobre les meves galtes. Que els meus fills respirin, de sobte, em sembla un miracle. I els abraço, abraçant la vida i el futur que ens espera. Incert i impossible.

17

Pujo per passeig de Gràcia perquè li he agafat mania a rambla Catalunya. No vull passar per davant del despatx de la terapeuta. No em trec la seva imatge darrere d'aquella mampara. Com és que ha triat una mediadora allà? Com pot ser que tornem a anar a veure una senyora que no ens coneix de res? Quan hem començat a contractar terceres persones perquè decideixin com ha de ser la nostra vida?

Arribo i m'obre una dona amb una cua de cavall, amb cabellera llarga i morena, com una mena de Pocahontas catalana. La faldilla li arriba més avall dels turmells, i porta una camisa ampla que amaga un cos prim i blanc. Em somriu abans de saludar-me. Aquesta no té secretària. Aquesta serà més barata, i segur que més amable. Em fa passar. «Ell ja és aquí», diu. I m'assenyala una porta amb la mirada. Darrere d'aquella porta el trobaré a ell? De veritat? Des d'ahir la meva vida és tan estranya que ara tot em sembla increïble. Camino amb por que el terra s'esfondri sota meu. A cada passa un abisme, un nou perill. La mediadora obre la porta i ell és en un extrem d'una taula molt gran. Hi ha una cadira a l'altre extrem preparada per a mi. El miro, però ell no m'està mirant. Sap que he entrat per la porta, sap que soc aquí, i no em mira.

L'estranya em fa seure a l'altre extrem de la taula. «Com que no sou bombolla, hem de mantenir la distància». No som bombolla? Des de quan? Com ha passat? Ell em deixa per

Zoom i ara no som bombolla? Què som, llavors? Quina és la meva bombolla, ara? Qui soc? On soc? Què collons està passant? Mira'm, mira'm als ulls. No em pots deixar per Zoom i ara no mirar-me als ulls. No t'he fet res, no soc culpable de res. No em pots tractar com si hagués agafat un rifle i hagués matat tota la teva família, o com si hagués fet una orgia amb el teu pare, el teu germà i tots els teus cosins. Sisplau, mira'm als putos ulls. No hem ni començat i ja estic plorant. I encara que ploro, ell no em mira. No em mira. Ahir érem matrimoni, érem pares de l'Oriol i del Josep, i ara què som? Qui som? Qui ets? Per què em tractes així? Per què et comportes com si fossis mort? No pots marxar i no dir res. No pots no mirar-me. No pots posar una altra professional entre nosaltres. No ho pots fer. No m'ho pots fer.

Però m'ho fa. I parla com si fes un any que estiguéssim separats. I la mediadora, que realment el que està fent és d'advocada, ens dona un llibret que es titula *Guia pràctica del bon divorci*. I jo no entenc res. I no paro de plorar i ell continua sense mirar-me. I la senyora se m'acosta i em pregunta si vull que parem. Que parem què? Què estem fent? Qui ets? Què fem aquí? Diu que llegim el llibret a casa. Però com vol que em llegeixi un llibre sobre el bon divorci si no he parlat amb el meu home des que ens estem separant? Si m'ho ha dit per Zoom, en una videotrucada amb una terapeuta que ens ha destrossat la vida. Si no ens hem fet ni una abraçada, ni dos petons. Li dic això a ell, encara que no em miri. I diu que necessita anar a poc a poc i primer resoldre els temes pràctics. Quan parla la mira a ella. No m'està contestant a mi. De veritat? Parlarem abans de qui es queda el cotxe que de per què som aquí? De per què estem engegant la nostra família a pastar fang? No entenc res. I ploro. Però ell no plora. Ell ve preparat. Ell sembla que faci mesos que ho té planejat.

La mediadora s'aixeca i escriu en una pissarra els temes dels quals haurem de parlar. Miro la llista i sento que el terra no em sostindrà, que m'engolirà i cauré en un pou enorme i sense fi, com l'Alícia quan cau per la llodriguera, i jo també penso que aniré a parar als Antípodes, i sento com caic, al buit, i em marejo, i surto corrents i vomito a la porta del despatx. «Perdó, perdó», repeteixo sense parar. Ell no s'aixeca. No fa res. Estic vomitant, ahir eres el meu marit i ara no t'aixeques a aguantar-me els cabells perquè no se m'embrutin? De veritat? Em deixes sola com si no valgués res, com si no fos ningú, com una borratxa desconeguda que veus a la sortida d'una discoteca?

La mediadora m'ofereix un mocador i m'acompanya al lavabo. «És millor que acabem», diu. Li dic que no hem parlat, que no sé per què ens separem, que tinc dos nens, que tinc una vida, que no pot ser, que és el meu home, que una vida no pot canviar d'aquesta manera d'un dia per l'altre. No pot ser. No pot ser. I torno a vomitar, aquesta vegada a la tassa i ella, una desconeguda, la professional de la mediació que ha triat ell, m'aguanta els cabells mentre trec la por en forma de bilis, i l'odi, i el buit. I omplo la tassa de pànic, vergonya, solitud, desesperació, impotència i ràbia.

Surto després de rentar-me la cara i de glopejar aigua unes quantes vegades. Lamento no portar un raspall de dents a sobre, perquè em noto un alè putrefacte. Sort de la mascareta, que ho amaga tot. «Estàs bé», em pregunta ella, i jo el busco amb la mirada. «Ha marxat», em comunica. «Per avui ja n'hi ha prou». Però quant durarà això? Què estem fent? Ens estem separant de veritat? Sense parlar-ne? M'explica que ell està molt cansat, que no pot gestionar la separació emocional i la logística i ha decidit prioritzar la logística. Ell té aquesta virtut, pot contenir els seus sentiments. Un dia suposo que sortiran tots de cop, sense avisar, i potser es convertirà en un titular als diaris «Un home normal apunyala vint-i-sis persones a la plaça Catalunya a plena llum del dia». Com pot ser que hi hagi persones tan diferents? No som tots d'una mateixa espècie? Ella em dona el seu número de telèfon personal. «El que t'està passant és molt dur, però has de ser forta, perquè ara heu de començar una negociació que marcarà els propers anys de la teva vida i de la dels teus fills». Gràcies, precisament la mena de pressió que soc capaç de suportar ara mateix. «Tens terapeuta?», em pregunta. Assenteixo, i m'aconsella que el tingui a prop, que serà una etapa complicada. Em queixo, ploro; impotent, exigeixo parlar amb ell, no m'ho pot fer, no m'ho mereixo, és inhumà. Em deixa treure tota la bilis que encara em queda, tota la por, tota la ràbia que no he deixat a la tassa del vàter. I, finalment, sentencia: «En el fons, t'està fent un favor». I entenc que serà la meva còmplice. Que es diu «mediadora», però que em farà costat a mi.

Abans d'acomiadar-me em dona un paper que acaba d'imprimir. És un calendari dels propers dos mesos. Dos colors: un de verd i un de blau. El blau soc jo, el verd és ell. Quan els dies estan marcats amb blau, jo estic amb els nens, quan són de color verd, amb ell. Es veu que això ho han decidit ella i ell, que ho van parlar per telèfon, que ell volia deixar per escrit com ens organitzaríem les properes setmanes. Jo la miro. Però qui es queda el pis? Ella diu que encara no se sap, que de moment han acordat que els nens dormin a casa i que siguem nosaltres qui ens movem. Ells ho han acordat? Que no és de mi, de qui es vol separar? Que no soc jo, la mare dels seus fills? Que no era la seva dona fins ahir? Que ja no val per res, tot això? Em ve una altra arcada, però em continc. Miro el calendari. Quin dia és avui? És dimecres. De color verd. «De manera provisional ell ha proposat que els dilluns i dimarts estiguin amb tu i dimecres i dijous amb ell. I els caps de setmana alterns». Diu «proposar» perquè és mediadora i està acostumada a usar verbs conciliadors, però ell no ho ha proposat, ell ho ha ordenat, ell ho ha imposat, ell ho ha decretat. Per què és ell qui mana? Per què no puc opinar? No tinc forces per anar a casa i escridassar-lo, no tinc energia per dir-li de tot. Soc dèbil i ho acato. Encara no sé per què, però és la primera decisió que deixo que prengui ell unilateralment i intueixo que no serà l'última. I començo a entendre per què aquesta dona m'ha dit que he d'estar forta, perquè si no, aquest me les colarà de tres en tres. Ara no és el meu home, ara és «aquest». I això només acaba de començar.

Continuo mirant el calendari i soc incapaç d'entendre'l. La miro, miro el calendari, la torno a mirar. No veuré els nens fins divendres? «T'hi acostumaràs». No dic res, però estic temptada d'explotar, de dir-li tot el que li vull dir a ell, d'escanyar-la, d'estirar-li els cabells fins a arrancà'ls-hi tots. «Si no et sembla bé li podem trucar». Faig que li truqui, he de recollir coses, he de fer una maleta. Una maleta per anar on? No ho sé, però un calendari imprès amb paper reciclat diu que avui no puc dormir a casa meva, que avui no puc veure els meus fills. Que no ho podré fer fins divendres. I em venen els dolors de les contraccions, molt fort, com si fossin ara mateix. I m'he d'agenollar a terra. I m'abraço la panxa, i poso el front sobre les llambordes modernistes, fredes, dures. Ella s'agenolla al meu costat i m'acaricia l'esquena mentre parla amb ell. A ella sí que li agafa el telèfon. Quan penja em diu que puc anar a buscar les coses fins a les vuit, que ell portarà els nens a casa dels seus pares. Gràcies. Gràcies per donar-me permís per entrar a casa meva. Abans de marxar ella intenta fer-me una abraçada i jo l'evito. Qui és aquesta dona? Què vol de mi? I si ell li paga per concedir-li tots els seus desitjos? Per executar totes les seves decisions? Primer gol: el calendari l'ha marcat ell. Però quan ha començat la guerra? Què està passant? Qui som? Fujo escales avall, surto, em recolzo contra un arbre. Torno a vomitar. La gent em mira. Ningú em socorre. Em venen ganes de dir que no tinc Covid, que només tinc pena, que només tinc dolor, que l'únic que tinc és por.

18

Surto esperitada de la rambla Catalunya, carrer que només m'ha portat a la ruïna personal i a la solitud més fosca. I sec en un banc del passeig de Gràcia. Em torno a trobar en la mateixa situació que ahir a la nit. Quan em passava alguna cosa important sempre era a ell a qui trucava. Però ara no m'agafa el telèfon i tampoc seria gaire lògic trucar-li per dir-li que ell m'ha abandonat de la manera més miserable i inhumana que em podia imaginar. Que no m'ho mereixo.
A qui truco? Necessito algú serè, tranquil, que doni bons consells i que entengui la situació en què em trobo. El meu pare. Li escric un whatsapp. «Ets a Barcelona?», doble *check* blau. L'hi pregunto perquè ell viu a Sabadell. Uns anys després de separar-se de la meva mare es va voler comprar un pis i a Barcelona eren caríssims. «He vist pisos que si em dius que m'hi quedi a viure gratis, no hi visc». Va anar ampliant el radi fins que va trobar una caseta amb jardí en una urbanització de Sabadell. Porta un parell d'anys jubilat, però baixa sovint a Barcelona per anar al metge, o per veure amics. Em contesta al moment: «Sí. Per què?». «Soc en un banc a passeig de Gràcia amb Mallorca. Pots venir?». «Sí». Des de ben petita m'he avesat a lluitar sola, i sempre m'ha costat molt demanar ajuda, i això el meu pare ho sap. Per això m'imagino que ha entès que me'n passa alguna, i que és greu. No hi ha cap pregunta. Només un pare corrent a buscar un taxi per anar

a rescatar la seva filla. I si és això el que busco en un home? Un pare que em rescati? Arriba esbufegant al cap de set minuts. «Què passa?», pregunta. Jo ploro i l'abraço. La primera abraçada en molts mesos perquè amb la pandèmia havíem acordat mantenir la distància, però ara el necessito ben a prop. Seiem. Com li puc explicar el que ha passat en les últimes vint-i-quatre hores? Silenci. «Entenc que la teràpia de parella no ha funcionat». Faig que no amb el cap. I s'ofereix per parlar amb ell. No, no, seria molt pitjor. No hem de ficar ningú entremig, tot i que hi estic temptada, tot i que és el que ha fet ell. Posar una mediadora entre nosaltres, negar qualsevol forma de comunicació cara a cara. M'encantaria enviar-li el papa, com quan va anar a parlar amb el tutor de 8è d'EGB per recriminar-li que em tenia mania, com quan va trucar al meu ex tòxic per dir-li que em deixés en pau, com tantes vegades que m'ha salvat, que m'ha estalviat el patiment, que m'ha protegit. Un home que em protegeixi, aquest és el conte de fades que vull, el conte de fades que va acabar ahir per sempre i de la pitjor manera.

Agafo un parell de cerveses del paki i parlem de la meva relació amb ell. No n'havia parlat mai, d'això, amb el meu pare. No es mostra sorprès pel que li explico. Jo creia que la nostra relació era perfecta a ulls dels altres, que era idíl·lica. Doncs no. El meu pare es destapa. Reconeix trets del caràcter del seu gendre que no li agradaven. Corria massa amb el cotxe, era desorganitzat amb els diners, no feia esport... I coses més personals, coses que fan més mal. Que si no creia que em tractés com em mereixo, que si érem molt diferents, que si una relació tranquil·la està bé, però que la vida ha de ser intensa... Després se centra en mi: que si soc massa independent, que si prioritzo massa la feina, que si no escolto, que si estic poc amb els nens... De seguida s'adona que m'està destrossant, i llavors restem en silenci una bona estona. Li pregunto si ha quedat amb algú. Diu que no pateixi, que té temps. D'on venia? Què hi feia, a Barcelona? Un segon de dubte i després, ràpid, explica que estava comprant a plaça Catalunya, que per això ha vingut esbufegant, perquè ha vingut corrents. «Què compraves?». I es fica en un vesper. Quan començo a sospitar que alguna cosa passa, em talla: «Teníeu relacions?».

La pregunta em desconcerta per dos motius: u, el meu pare i jo no hem parlat mai de sexe, dos, perquè parla en passat, assumint que ell i jo estem separats, que el que fem no és present, és «fèiem», és una cosa que no farem mai més. Faig que no amb el cap: «No gaire». Però no li dic que des que jo vaig mostrar l'elefant a l'habitació que no follem, que fa mesos que el meu sexe és exclusivament amb la col·lecció de vibradors que tinc al calaix de la tauleta de nit. «El sexe és bàsic», sentencia.

Em mira, i no sé si es posarà a plorar o a riure. Fa una ganyota estranya. I, aleshores, diu: «La teva mare i jo mai hem deixat de fer l'amor». I em quedo de pedra, com el banc modernista on seiem. I em fonc, i arquejo les celles, i moc el cap com si m'estigués espolsant polls o idees. El meu pare té setanta anys i la meva mare setanta-un. Es van separar quan la meva germana tenia tretze anys i jo disset. Van estar sis anys separats i, un dia, van tornar. O això és el que pensava fins ara. Ara resulta que no, que deixar deixar, no ho havien deixat mai.

Recordo parelles de tots dos durant aquells sis anys. La meva mare va a estar amb amics d'amigues, homes separats o solters que a la meva germana i a mi ens eren bastant indiferents, i sospito que a la meva mare també. Potser aquesta indiferència era perquè ella no va deixar mai d'estimar el meu pare? S'allitava amb ell quan estava amb altres homes? I el meu pare? Tampoc va deixar mai d'estimar-la? Es deixa d'estimar algun dia el pare o la mare dels teus fills? Podré deixar d'estimar-lo, jo, a ell?

Miro el meu pare, ara, molts anys després, i me'ls imagino quedant d'amagat, anant a motels, follant a Castelldefels mentre ens deien a nosaltres que eren amb la parella de torn, o a la feina, o al cinema amb algun amic. El meu pare en va tenir més, de parelles. Els homes són menys exigents: una ceramista, una infermera, una advocada, una fornera i una mare de l'escola. No sé com va tenir estómac d'embolicar-se amb la mare del Vidal, que quan fèiem primer de BUP em va tancar al lavabo i em va dir que li ensenyés les tetes. Per sort, amb quinze anys tenia més caràcter i més mala llet que ara. Li vaig cardar una puntada de peu a l'entrecuix i vaig fugir corrents. Mai vaig dir res d'allò a ningú i la següent vegada que en Vidal i jo ens vam dirigir la paraula va ser al cotxe de la mare d'ell, amb el meu pare de copilot, anant cap a la casa que tenien a S'Agaró.

Ens vam dir «hola» quan vaig seure al cotxe i no ens vam dirigir la paraula en tota l'estada a la casa d'estiueig d'ells, amb una piscina d'aigua salada que donava al mar. Per què no som rics, nosaltres? Recordo que vaig pensar, mentre movia l'aigua amb els peus asseguda al graó de l'escala de la piscina més increïble que havia vist mai. Mentre el meu pare era nòvio de la mare del Vidal també es veia amb la meva mare? No reacciono. Ho accepto, com si ho sabés, com si no fos una novetat per a mi. Ha tardat més del que creia a preguntar com ens organitzarem. Li mostro el calendari. El meu pare se'l mira, i veig que tampoc l'entén. Li explico. «Els dimecres els anàvem a buscar nosaltres», diu amb pena i demanant una alternativa amb la mirada. Doncs no n'hi ha, d'alternativa, papa, no hi ha pla B. Ja no els anireu a buscar, perquè els dimecres seran d'ell, seran tots dos per a ell. I jo els tindré tres dies, o sigui que faré el que sigui per poder-los anar a buscar a l'escola, per estar amb ells, per no perdre'm més minuts de la seva vida. «I avui on dorms?» I no sé què contestar. No em crec que no pugui dormir a casa meva, al pis que vaig triar jo, al pis que he decorat jo, al pis on hi ha els meus llibres, les meves fotos, el canapè que em vaig comprar amb el meu primer nòvio, el meu primer Mac gran, les meves capses de records, els meus dietaris. Al pis on hi ha els meus fills. És com si el cel s'anés encongint sobre meu, com si anés caient inexorablement fins a esclafar-me contra l'asfalt per sempre. Ja mai més tornaré a ser la mateixa.

«On eres?», li pregunto. «Quan?». «Ara, ara mateix. On eres?». El meu pare calla, amb una mirada de... culpa? Ara que fa anys que torna a estar amb la meva mare té una amant? L'hi pregunto, li dic que m'ho pot explicar, que ho entendria. I em diu que ell ja no té edat per a aquestes coses. Això vol dir que alguna vegada ha tingut edat per a aquestes coses? Que ha tingut amants estant amb la meva mare? No l'he de pressionar gaire perquè em digui que estava amb la Linda. Linda? La professora d'anglès. No és la mama qui estudia anglès? Em diu que no l'hi digui a ningú. Que no vol que la mare ho sàpiga. Després d'una estona, ho entenc. No suporta que la mare aprengui anglès i ell no. Se sent inferior. No vol que ella sigui més que ell. I el miro, assegut al banc, culpable. Quina merda, l'hetereopatriarcat.

19

Entro a casa i, efectivament, no hi ha ningú. Agafo una maleta mitjana i hi poso l'ordinador, vestits, leggings, texans, camises, un pijama i el necesser. Molta roba per a dos dies. Però no penso. Agafo, agafo, agafo... Llibres, obres de teatre, vibradors, llibretes... Que no trobi res a faltar, aquests tres dies, aquestes dues nits sense ells. La tanco. Les pastilles. Agafo la capsa de medicines i la poso sencera a la maleta. M'emporto tot el paracetamol. Si té mal de cap que es foti. Intento pensar en positiu. Què és el que mai puc fer perquè tinc nens? Agafo una pinta i un xampú. I l'assecador. Rentar-me el cap. Mai tinc temps per fer-ho amb tranquil·litat. Me'l rentaré cada dia, com quan no tenia fills i tenia temps per deixar-lo sec, perfecte, planxat. Agafo també la planxa, amagada a sobre el moble del lavabo, a dalt de tot, plena de pols. I maquillatge. Omplo el necesser de maquillatge. Em costa tancar la maleta, però ho aconsegueixo, i quan ho tinc enllestit surto de casa i tanco amb clau. Al vestíbul em trobo el veí de davant, deu tenir deu anys més que jo, té els nens grans i té una dona. Té una família. Fins ara era la nostra família de referència: mira'ls, quan els nens siguin grans sortirem a sopar, mira'ls, van al cinema, mira'ls que bé s'ho passen anant a córrer junts. «Què? De viatge una altra vegada?», em pregunta somrient, amb el somriure de l'estabilitat, de la família feliç, de la postal perfecta. «Més o menys», responc. I em fico a l'ascensor. Ell em fa un gest perquè baixi sola. «Espero la dona, que anem a donar una volta». Doncs que t'aprofiti, penso. Odiaré les famílies a partir d'ara? Les parelles? La gent feliç? Com pot ser que hagi anat tot tan de pressa? He viatjat per tot el món: interrails, Sud-amèrica, Tailàndia, la Xina, el Vietnam, Indonèsia. Quan era més jove, de motxillera, improvisant, de més gran en hotels més confortables i en viatges més organitzats. Però sempre, sempre, sempre, la primera nit era sagrada. Podria no saber on dormiria les següents trenta nits a Tailàndia, a Marroc, a Perú, a Xile, però sempre reservava la primera nit. I ara, amb quaranta-un anys, per primera vegada a la vida no sé on dormiré la primera nit. Em sona el telèfon, és la meva mare. No penso contestar, ara, mama, el papa t'ho ha explicat i vols donar la teva opinió, dir que et tinc per a tot el que calgui, i segurament esbravar-te i dir-me que ell era un imbècil. Ara no puc. Ara no puc parlar amb tu ni amb ningú. Ara només parlaria amb ell, però ni m'envia missatges ni em truca. Li envio un whatsapp: «Ja he sortit de casa». No contesta. Això serà així sempre? No parlarem mai més? No llegeix els meus missatges. Ja no soc ni un doble check blau al seu WhatsApp.

Camino arrossegant la maleta, fent aquell soroll insuportable de les rodetes contra els ressalts dels panots de la vorera. On dormiré? On vaig? Puc anar a casa del Jordi, a casa dels meus pares, a casa la meva germana. Tinc gent, això no és un problema i per un instant em sento afortunada. Però no n'hi ha prou. És com quan tens una depressió i la gent et diu: tens de tot, mira els nens de l'Àfrica que es moren de gana. I en aquell moment no hi ha cosa que et consoli menys. Encara més, et canviaries pels nens de l'Àfrica perquè la teva vida se't fa tan insuportable que morir-te de gana et sembla una bicoca en comparació amb el dolor i el desconsol que sents. Tinc amics, sí. Tinc família. He tingut sort i també m'ho he treballat. Però sí, soc afortunada. I no, ara ni tenir amics ni família no em serveix d'una merda. No m'imagino res més depriment que dormir al sofà de casa la meva germana, ple de pèls de gat, o al llit individual de casa dels meus pares, o dormir al llit de matrimoni del Jordi, amb ell. No puc. És que no puc ni plantejar-m'ho. Obro l'aplicació de Booking al mòbil. Com que no hi ha turistes, els pocs hotels que hi ha oberts a la ciutat són molt econòmics. N'hi ha un al costat de casa per quaranta euros la nit. No sé si em fa gràcia quedar-me al barri, però estic cansada, em vull dutxar, em vull estirar. Així que la reservo. Habitació doble d'ús individual. I em sembla que aquest serà el titular de la meva vida a partir d'ara. Habitació doble d'ús individual.

20

L'hotel té un restaurant on sovint ell i jo anem a fer el menú. Entro i saludo, em coneixen, el recepcionista em diu que no serveixen sopars. «Ni tu ni ningú», ric. Fa setmanes que els restaurants no obren per al servei de sopar. «Tinc una reserva». Em mira estranyat i no pregunta. Agafo l'ascensor fins a la tercera planta. Una habitació prou ampla, interior. Quantes nits hi passaré, aquí? Em tornen a trucar. No és ell. És la meva mare, un altre cop. No pararà fins que respongui, així que prefereixo fer-ho d'una vegada. Menteixo i dic que soc a casa d'una amiga. Em diu que puc anar a dormir a casa seva. «Ho sé, gràcies». Realment ho agraeixo, realment sé la importància que té tenir la família al costat en aquest moment, però no puc processar res, no puc parlar, no em puc concentrar. Li dic que hi aniré a dinar l'endemà i que l'hi explicaré tot. En un restaurant, millor. I penjo. «Deixo el mòbil encès, igualment pots trucar al fix». I em venen com un llampec totes les vegades que el telèfon de la meva mare ha sonat de matinada: el primer accident de moto, el segon, l'accident de cotxe del meu cosí, l'ictus del tiet, la mort del tiet, la mort de l'avi, el meu coma etílic als quinze anys, quan van atracar la meva germana a la plaça Reial, i un llarg etcètera de desgràcies. No, mama, no vull trucar mai més de matinada.

M'estiro al llit, obro la maleta i en trec la capsa de les medicines. Imagino la cara que farà ell quan vegi que me l'he emportat sencera. Estarà sol amb els nens i no podrà anar a buscar res tot i que ell amb un parell de birres passa i ja en té prou per adormir-se. Com a molt una valeriana. Aquestes són a la capsa, i els orfidals, i els trankimazins, i el seu Ventolin. Hosti, també me l'he emportat. Ho he agafat tot: paracetamols, Espidifen, EnRelax Forte, Voltaren, Ilvico, etc. etc. Agafo un orfidal i me'l poso sota la llengua. Em faig una dutxa d'aigua bullint. Em poso el pijama i m'estiro al llit de dos per dos. Poso la tele i veig un programa de cites. És això el que m'espera, ara? Divorciats de cinquanta anys que viuen amb la mare? Gent amb pírcings a la llengua i als llavis? Peter Pans de quaranta? Apago la tele i el llum. Tinc taquicàrdia, ningú no sap que soc aquí. Noto una punxada en algun lloc del cervell. I si és una vena a punt d'explotar? I si em moro en un hotel a la cantonada de casa i no em troben fins al cap de deu dies? No vull dir a ningú que soc aquí. Truco a recepció. «Hola, sisplau, em podrien despertar demà a les deu? Gràcies. Per cert... (Faig una pausa, m'empasso la vergonya), es podrien assegurar que estic desperta? Vull dir que... estic viva». Al recepcionista no sembla estranyar-li la demanda. No dec ser l'única que té pànic a morir sola en un hotel. Em prenc mig orfidal més i respiro en dos, expiro en tres...

3. MARÇ

Hi ha coses pitjors a la vida

21

«No has menjat res», diu mentre devora unes mandonguilles amb sèpia. No entenc per què no ha vingut el meu pare. Suposo que deixa espai a la mare, que té tendència a no deixar-ne als altres. Potser he sortit a ella, jo? Potser jo tampoc li deixava espai a ell. Per això m'ha abandonat? Perquè necessitava el seu espai? Mentre estic absorta en aquests pensaments desconnecto del que està dient la meva mare. Ho faig sovint, això, amb ella, que acostuma a fer monòlegs interminables en què passa d'una cosa a l'altre en un fil narratiu que només ella coneix i que per a la resta de mortals és un laberint indesxifrable.

Quan torno a connectar-me està parlant dels meus fills. Que si són tan petits, que si s'ho passaran fatal, que si esclar, la gent aguanta pels fills. Que si mira el teu pare i jo, que vam esperar fins que fóssiu més grans. El seu subtext és evident: hauries d'aguantar, hauries de lluitar pels teus fills, perquè no tinguin un trauma que els perseguirà tota la vida, que els quedarà imprès en el caràcter, per no ser tu la culpable de tots els seus errors. Ets una parella pèssima, una mare terrible. No et separis. Em veu l'odi a la mirada i frena, i demana perdó. «Ja m'entens».

La gent té por de separar-se quan els fills són petits, però el pitjor és separar-se quan els fills són adolescents, quan estan agafant confiança en ells mateixos i en el món, quan més seguretat necessiten. Però tinc la certesa que encara que ho facis bé, encara que siguis la millor mare del món, els passaràs tares, els passaràs dolor, absència, sobreestimació, exigència, el que sigui, el que toqui en cada cas. A mi em va tocar l'abandonament. Sempre aquesta sensació de poder ser abandonada en qualsevol moment, sempre aquesta necessitat de companyia a qualsevol preu. Aquesta solitud, aquest buit que fa onze anys que no sentia, ve d'allà, quan amb quinze anys i arraulida sota una funda nòrdica infantil amb gossos blancs i verds plorava desconsolada, esperant que algú em salvés. Com ara.

No li dic que la seva separació em va destrossar, que aquesta sensació d'abandonament constant prové de quan ella va marxar sense mirar enrere, de quan em va deixar amb el meu pare, de quan es van separar. Tampoc li explico que si em separo és precisament per evitar als meus fills que se sentin abandonats i indignes d'amor per la resta de la seva vida. Dos i cinc anys, és una bona edat. No recordaran quan el seu pare i jo estàvem junts, quan érem una família, i aquest pensament m'enfonsa. Tota la vida lluitant per tenir una família i els meus fills ni la recordaran.

A les postres, la mare ja ha canviat el to i fa la llista de totes les filles de les seves amigues que estan encantaaaaaades amb la separació, que ara tenen nòvios meravellosos. Sempre el príncep que completa la imatge, sempre l'home que és font de felicitat. Doncs l'home no em parla, no em mira, ni em respon els missatges.

Miro el mòbil i continuo sent un check en el seu xat. I no me'n sé avenir. No és mort, perquè fa dos minuts ha escrit un missatge al grup de pares i mares de l'escola. «És d'algú, això?», com a peu de foto d'una samarreta de la Patrulla Canina. S'ho deu haver emportat l'Oriol a casa per error i ara ell en busca el propietari. Està decidint conscientment no llegir els missatges de la mare dels seus fills. De la que fins fa no res era la seva dona. Pot enviar aquest missatge, pot llegir les respostes, pot contestar-les fent broma. Però no llegeix el meu, no em contesta a mi.

Onze anys de relació, dos nens, dos parts, i ara no és capaç ni de contestar «Ok», no és capaç ni de preguntar on he dormit. No sap on he passat la nit. La meva mare es pensa que he anat a casa d'una amiga. Quan em pregunta que de qui, menteixo: la Glòria. «Ui, pobre, amb tres nens, quin trasbals». Això és el que soc ara per a la gent. Un trasbals. Un trasbals per als meus pares, per als meus amics, potser fins i tot per als meus fills. I, per sobre de tot, per a ell. La meva mare em diu que dormi a casa seva sempre que no tingui els nens, però li soc sincera. No puc. Des dels quinze anys que no soc a casa dels pares. No pot ser, em destrossaria, he de tirar endavant. «No siguis tan dura amb tu. Deixa't cuidar». I ho faig, em deixo, però no a casa vostra. Ho sento. «I on aniràs?». No contesto, perquè no en tinc ni la més remota idea.

22

Li truco i no em contesta. Llavors truco a la mediadora. «No em parla», li dic. «No em respon els missatges ni em contesta al telèfon. Vull veure els meus fills». Ella diu que hi tinc tot el dret. Penja i assegura que em trucarà. Em sona el telèfon al cap de deu minuts. Ell necessita temps. «Ja parlareu, però no ara». «Quan?», pregunto. Ella no ho sap. «No puc veure els nens?». Em diu que els torns, si no hi ha entesa entre els progenitors, s'han de respectar. «Demà ja és divendres, demà ja et toquen a tu». La mediadora sap el calendari de guarda dels meus fills i jo no, jo encara no entenc que m'he separat, que no els puc veure cada dia, que no puc parlar amb el meu home. Sí, al meu cap, encara és el meu home. Fins que no parlem, fins que no plorem plegats, fins que no em digui a la cara que es vol separar de mi, continuarà sent el meu home i ell, els nens i jo continuarem sent una família.

Amplio la reserva de l'hotel. No he dormit malament i, sincerament, dubto que un hotel millor o pitjor canviés gaire la meva situació ara mateix. Estirada al llit llegeixo «Guia pràctica del bon divorci». «El primer de tot és saber què volem realment». Sí, esclar. I aquesta és la dificultat, saber si el que estem decidint és la tria correcta, si no voldrem tornar enrere, si no estem cometent l'error més gran de tota la nostra vida. Segueixo llegint i m'atabalo: pla de parentalitat, despeses comunes, pensió alimentària, potestat parental, guarda, hipoteca, deutes comuns... Ell no em parla, ell no em mira als ulls. Com collons ens posarem d'acord? Em marejo i m'estiro a terra. Respiro profundament. Tanco els ulls. Algun dia això serà un esdeveniment més de tots els esdeveniments importants de la meva vida: la mort de l'avi, la separació dels meus pares, l'Erasmus, l'accident de moto, el primer part, el segon part, els premis, la primera estrena, la beca, etcètera, etcètera, etcètera.

Continuo llegint, «el diàleg i l'entesa entre vosaltres és el millor camí per resoldre aquesta situació. Si ho feu així, estareu davant d'una ruptura amorosa, si no, estarem davant d'una ruptura contenciosa». Ja té nom. La nostra és una ruptura contenciosa. Les dues paraules fan molt mal: ruptura i contenciosa. Ruptura perquè tot el que hi havia entres nosaltres s'ha trencat: l'amor, la família, el passat, la tendresa, el diàleg, la complicitat, la cura. Tot. En una de les sessions amb la terapeuta de parella recordo que vaig afirmar: «Si ens separem, tindrem una relació exemplar». I en aquell moment ell va fer un gest de dubte amb els llavis i després va dir sotto voce: «Si no ens comuniquem bé com a parella, separats...». I aquells punts suspensius, aquell no acabar la frase, predeia el que passaria en un futur.

En aquest moment rebo un mail de la mediadora on hi ha el calendari i les normes. Els nens s'aniran a buscar a l'escola i quan es faci el canvi de guarda el progenitor que els vagi a buscar podrà anar a casa a les dotze. Ara la meva vida la marca una normativa que ha fet una desconeguda, ara no soc una mare, soc una progenitora, i ell no és el meu home ni el pare dels nens, és el progenitor.

Avanço directament fins al capítol 11: Què és i com és un divorci contenciós. «Quan s'ha d'acudir als tribunals cal que desdramatitzem el fet: hi ha coses pitjors a la vida». Em sembla una bona filosofia. Sempre poden passar coses pitjors. Una mort és pitjor que un divorci, una violació és pitjor que un divorci, una guerra és pitjor que un divorci. No em consola.

23

Entro a casa, buscant-lo. Però ell no hi és. Segur que fa hores que ha sortit, que no ha volgut arriscar-se a trobar-me. Busco alguna nota sobre el llit, al lavabo, sobre el marbre de la cuina, a la seva butaca, al despatx, sota el coixí. Una nota que digui «T'estimo. Donem-nos un temps». «Tot és una broma. Sorpresa». «A la una vinc i parlem». «A la una vinc i follem». «No ens separarem, lluitarem». «Ets la dona de la meva vida», «Mai deixaré que t'escapis», «Tu i jo junts per sempre», «De veritat penses que permetria que la nostra família se n'anés a la merda?». «Perdre't seria l'error més gran de la meva vida», «Ets una dona increïble», «Jo compleixo les meves promeses: ens farem vells juntets».

La meva ment en pot fabricar moltes més, d'aquestes sentències romàntiques guaridores, infinites. Les he mamat des de petita, en els contes, les pel·lis, en el meu primer nòvio. No hi ha cap nota. I tampoc no ha mirat el missatge. He d'anar a buscar els nens, ho diu el calendari: és divendres, blau. Fins avui, divendres era el dia familiar, el dia que tots dos anàvem a buscar-los plegats, el dia que fèiem alguna cosa tots quatre. I ara hi aniré jo sola, i no sé com m'ho faré, no sé com podré evitar posar-me a plorar, no sé com aguantaré la mirada a les famílies perfectes que fan cua esperant que surtin els fills de l'escola subjectant les carmanyoles amb berenars exquisits, saludables i casolans.

Em truca la meva germana, els papes l'han posat el dia i s'ofereix per anar a buscar algun dels nens, per passar la tarda juntes. Li dic que no. No li penso donar el gust a ell de mostrar-li que necessito ajuda, que no puc fer-me càrrec dels meus fills tota sola. M'ho ha dit més d'una vegada, que sense ell la casa s'enfonsaria, que la família s'enfonsaria. I és cert. Soc un desastre com a mestressa de casa. No sé fer res. Pastissos, dels senzills, pa de pessic de llimona. Podran sobreviure els meus fills menjant pa de pessic de llimona cada dia? Una amiga em va explicar que l'univers sempre contesta que sí. Si tu projectes pensaments negatius l'univers et contesta amb un sí en majúscules, en llums de neó. I si projectes pensaments positius també, així que crido a l'univers pensaments positius, perquè em contesti que sí. Me'n sortiré. Jo puc. Ho faré bé. Soc la millor mare del món. Soc una persona increïble. Soc un bon exemple per als meus fills. Me'n sortiré. Soc forta. Soc invencible. I confio en aquest sí màgic que concedeix desitjos. Me'n sortiré, ni que sigui per demostrar-li que soc una dona impressionant, que soc una persona meravellosa, que soc la millor dona que tindrà mai, que valc la pena i que ell no ho ha sabut veure. Per demostrar-li que l'ha cagat. Ara, de cop, estic forta. Ara sé que d'aquí uns anys mirarà enrere i es posarà a plorar, es desesperarà sabent que va deixar morir la seva família, que s'ho va carregar tot, que va ser un covard, que no va lluitar, que ho va deixar anar, que es va rendir. I llavors potser serà quan agafarà una escopeta de caça i sortirà al carrer a disparar contra tothom. Jo lluito, jo soc valenta, jo soc una Superwoman i me'n sortiré. Només per descol·locar-lo, només perquè s'adoni que, com diu la meva nota inventada, ha comès l'error més gran de la seva vida.

24

Dissabte l'Oriol em desperta: «Estic avorrit, no tinc son». Miro l'hora al mòbil. Dos quarts de vuit. El convenço perquè s'estiri amb mi al llit, perquè aguanti una mica més. Però l'Oriol és d'idees fixes i quan es desperta es desperta. Vol veure la tele. Amb ell fèiem torns. Un dia dormia jo, l'altre ell. Però ara ell no hi és. O sigui que tots els torns són meus. De seguida ve el petit, que ha sentit el germà gran. «Anem, mama, va», i assenyala el passadís que porta al menjador. Estic esgotada i encara tinc el cos relaxat per l'Orfidal que em vaig prendre de matinada perquè no podia dormir. M'aixeco i els poso dibuixos. M'estiro al sofà, i ens posem tots tres sota la manta. Per un instant em sento la dona més afortunada del món.

Quan em desperto ja han vist tres capítols de *Les tres bessones* i dos de *La pantera rosa*. Tenen gana. Els preparo l'esmorzar, no volen cereals. Ni entrepà de formatge. Ni de pernil dolç. Què volen? Xocolata. Els miro, incapaç de lluitar, incapaç de posar límits i els dono dos ous de xocolata amb joguina sorpresa. Ell posaria el crit al cel, ell mai no ho faria, però ell no hi és. Així que ara mano jo.

Un cap de setmana al davant, sola amb un nen de dos anys i un de cinc. El de dos s'escapa i has d'anar amb mil ulls perquè no l'atropellin. El de cinc en qualsevol moment pot muntar un numeret i quedar-se assegut a terra sense voler avançar perquè està cansat, té gana o vol un sobre de cromos.

Les hores amb els nens em semblen més llargues i si ens quedem a casa es faran eternes, així que decideixo agafar el cotxe i anar a algun lloc. Quedaria amb algú, però m'obsessiono amb passar el cap de setmana sola amb els nens, amb ser la millor, amb no necessitar ningú. Hi ha confinament comarcal, així que no podem sortir del Barcelonès. Anirem a Montjuïc. Anem tots tres al pàrquing, els poso dins de les cadiretes, entaforo les bicicletes al portaequipatges i arrenco. Quan som a dos carrers l'alarma del cinturó comença a xiular. «Què passa?», dic en veu alta. I l'Oriol contesta: «El Josep s'ha tret el cinturó». Aturo el cotxe en una cantonada. Li faig una esbroncada monumental al Josep, que riu i, com més alço la veu, encara riu més. No tinc armes, no sé com fer-ho. Poso el cinturó al seu lloc i li dic, ferma, «No ho facis més». Al cap d'uns minuts torna a sonar l'alarma i sento com en Josep es descollona i el seu germà també. Passo. Som a prop de Montjuïc, aniré a poc a poc. Ignorar és la millor arma per educar, a vegades.

No soc l'única que ha decidit anar a Montjuïc. Tots els barcelonins hi són i trigo més de tres quarts d'hora a trobar un lloc on aparcar, lluny del parc on volem anar. No passa res. Paciència. Trec les bicis i ara l'Oriol diu que ell no vol anar amb bici, que quan arribem al parc. El petit em recorda que ha anat sense cinturó tota l'estona i torna a riure. Per què no m'ajuden? Per què no em fan la vida una mica més senzilla? Són petits, no puc pagar-ho amb ells. Però no fa ni mitja hora que hem sortit de casa i ja no puc més. Després de crits guturals de «stop» a cada semàfor i mitja hora arrossegant la bicicleta de l'Oriol, que pesa una tona, arribem al parc. Per fi. «Joc lliure», els dic, que traduït vol dir: correu, jugueu, feu el que us doni la gana però a mi, deixeu-me en pau. Ho fan, durant un minut i mig. De seguida em venen a buscar. «Tu fas de drac i nosaltres som els cavallers, d'acord?». «D'acord?» Repeteixen alhora. I em poso a córrer darrere d'ells cridant i simulant que trec foc per la boca. I correm, i els persegueixo, i ens passem així mitja hora més.

Faig de drac, faig el que calgui, però sempre penso que estaria millor prenent una cervesa o llegint. I això em fa sentir que no soc mereixedora del títol de mare. M'avorreix anar al parc, jugar a jocs simbòlics, fer castells a la platja... Trec una pilota que he portat i juguem una estona a futbol. Fem el vermut amb unes patates xips i uns sucs que he posat a la motxilla, i ens en tornem cap al cotxe. Ara cap d'ells vol anar amb bici i he de carregar-les les dues, durant mitja hora de pujada. Quan arribem al cotxe, trec la clau, automàtica, i no obre. Ho intento de moltes maneres, els nens m'hi ajuden. Busco el pany per posar-hi la clau, però... No hi ha pany a les portes del meu cotxe. Com és possible? No m'hi havia fixat mai. Hem comprat un cotxe que no té panys? Com m'ho faré per obrir-lo?

Deixo les bicis recolzades en un arbre i respiro fondo. Els demano als nens que seguin a la vorera. Em fan cas. Suposo que veuen la meva cara de desesperació i també estan excitats perquè els dic que som un equip d'aventurers amb una missió importantíssima. Hem d'aconseguir obrir el cotxe. L'opció més senzilla seria que li truqués a ell, que segur que sap que el nostre cotxe no té pany, que segur que sap com s'ha d'obrir quan el comandament es queda sense pila. Però no penso fer-ho. Això ho solucionaré jo sola, amb els meus fills. Som un equip guanyador i aconseguirem obrir el cotxe. No tenim l'ajuda del papa, amb això ja no hi puc comptar més, però hi ha una cosa que mai no ens fallarà: els tutorials de Youtube. L'Oriol em dicta el que he de posar «Abrir puerta de». «Mama, com es diu el cotxe?». Poso «Abrir puerta i la marca del cotxe». I, efectivament hi ha un tutorial que explica com obrir la porta quan el comandament no té piles. El mirem junts i fem l'operació que veiem al vídeo, que consisteix a fer palanca en la maneta, que resulta que es pot treure. A sota hi apareix un pany. Quin descans. «És màgic», crida el Josep supercontent. Una mica sí, no l'hi negaré. Obro la porta del conductor, però no veig que les altres tinguin pany. I el portaequipatges tampoc. No trobo cap tutorial que em digui com fer-ho per obrir el portaequipatges sense comandament així que no tinc més remei que posar les bicis sobre el seient del copilot. Ho faig com puc, i els nens van cap a la part de darrere. Des de dins del cotxe puc obrir les altres portes, però no la del portaequipatges. Els lligo a les cadiretes i arrenco. «Fem un bon equip», mama. Diu l'Oriol. I somric. Sí, fem un bon equip. I a ell no el necessitem per a res, m'autoconvenço aguantant-me les ganes de plorar.

Ell fa una videotrucada a l'hora de sopar. Jo agafo el telèfon i ell es molesta, està clar que només vol veure els nens. M'emporto el telèfon i li dic que hem de parlar, que no pot no contestar els meus missatges. «Parlarem, però ara no». Quan? Quan ho parlarem? Quan tinguis tres fills amb una altra tia? Quan els nens vagin a la universitat? Jo necessito parlar i ho he de fer ara. Perquè és com si t'haguessis mort d'un atac de cor i no ho puc suportar. «Ets una exagerada. Passa'm els nens». No parlarem, ho té clar, ho ha decidit.

Els nens no volen menjar i perdo els nervis. Acabo ficant l'Oriol vestit a la dutxa i posant a dormir el petit sense sopar. Molt bé, has guanyat. Et necessito, sola no puc. I ara què? Quin és el premi? Tornes? Fem les paus? Ens abracem? Vine, sisplau, vine i ja està. Oblidem-ho tot. Oblidem-ho i perdonem. No hauria de ser tan difícil.

25

Al despatx de rambla Catalunya li clavo la mirada perquè aixequi el cap i em miri als ulls, però no ho fa. Mira a la taula, amagant-se, covard. «No pot fer-m'ho, això», dic evidenciant el seu comportament. La mediadora no el defensa. Li veig a la mirada que m'entén, que em comprèn, que ha passat per alguna cosa similar i entén el meu patiment. Estic segura que ella no aprova el seu comportament però no és cap terapeuta, ella només ha de facilitar que ens posem d'acord en els temes pràctics. A ell no li ha agradat el meu comentari. A ell li agradaria que jo li seguís el joc, que el tractés com un desconegut, com fa ell amb mi, i demana que avancem. Insisteix que vol tancar els acords pràctics i, després, ja parlarem de nosaltres. Com ho pot fer? Com pot ser així? Com pot deixar de banda els sentiments? Com he pogut estar tant temps amb algú tan fred?

Primer punt del dia, la custòdia. Pregunto si me'ls puc quedar jo. Es veu que no, que ara la majoria de jutges opten per la custòdia compartida. No puc ser egoista, ells són feliços amb el seu pare. Però jo em separo d'ell, no d'ells. Per què m'he de perdre mitja vida dels meus fills? «T'hi acostumaràs», em diu la mediadora. Coi de frase que sempre deixa anar a la primera de canvi. Tu potser t'hi has acostumat, però a mi no em passarà mai, jo vull estar amb ells. Són tan petits. Els he parit. Soc la seva mare. No compta per a res, això? Quan ho dic, ell em mira i diu «Sense comentaris». Vull viatjar en el temps i ser als anys noranta, que em donin la custòdia, que no es plantegi que el pare també pot tenir la guarda dels nens. Soc una conservadora de dretes. Soc una feixista. I és culpa seva.

Desgraciadament, som al segle XXI i la majoria de custòdies són compartides, així que acordem el que ens sembla millor per a tots. Els nens dilluns i dimarts amb mi, dimecres i dijous amb ell. Caps de setmana alterns. I comencem a pactar els dies, les vacances, els torns, què farem quan estiguin malalts, què farem quan sigui el seu aniversari, què farem quan sigui el nostre aniversari, Sant Joan, Nadal, Cap d'Any, Setmana Santa, agost. Fins i tot hi ha un punt que preveu què passa amb els nens si un dels dos progenitors té una malaltia greu i de llarga durada. Busco la càmera que grava. Busco la realitzadora que està rodant aquest documental macabre. I no la trobo. De veritat que tot això és real?

És en aquesta sessió quan ell em cedeix el pis. Ho fa com un favor, com un esforç. És un pis de lloguer, que no li ha agradat mai i que no vol per a res. Però ho anota com un punt a favor seu en la negociació. Li dic que no el vull. Que se'l quedi. I el desconcerto. Però de seguida em faig enrere, perquè tenir el pis és assegurar-me una mica d'estabilitat en una època que serà un caos que no he viscut mai abans. Així que em quedo el pis. Pactem una data perquè ell deixi el que ha estat casa nostra durant set anys. Tres mesos a partir d'avui. Tres mesos em sembla una vida. Els nens viuran a la casa familiar i serem nosaltres els qui anirem marxant quan no ens toquin els nens. Temo que comença una etapa caòtica i inestable que una dona controladora com jo no sé si serà capaç de suportar.

Surto de la sessió, i baixo rambla Catalunya avall. He decidit deixar de tenir-li mania i sec en un banc amb una canya en un vas de plàstic que he agafat en un bar. A Barcelona tot continua tancat. Des del banc em dedico a observar els passejants amagats darrere de les mascaretes i de cop sento que algú crida el meu nom. És el meu cosí. Es treu la mascareta, perquè el pugui reconèixer millor. I em fa dos petons, content de trobar-me. Quan em pregunta com estic, no menteixo i li explico la meva situació. Em pregunta per qui és queda pis, un tio pragmàtic, ell. Li explico que de moment estic en un hotel, però que aquesta opció és inviable a mitjà termini. I que anar a casa els pares, de la meva germana o d'amics també, perquè no vull molestar i necessito estar sola. Li dic que he començat a mirar a Airbnb com si fos una guiri que visita la ciutat, que hi ha moltes opcions, i bé de preu, però que totes em semblen depriments. I em mira, fent que no amb el cap i somrient: «T'ha tocat la loteria».

M'explica que acaba de reformar dos pisos al carrer Provença amb Bailèn, i que encara no els ha posat a lloguer. El miro sense entendre bé què m'està oferint. Però ell, ràpid i pràctic, em cita l'endemà a l'adreça on hi ha els pisos. «Pots triar el que t'agradi més».

Quan arribo a la finca no me'n sé avenir. És antiga, amb vitralls modernistes, una preciositat. M'ensenya els dos pisos i tots dos em semblen un somni en la meva situació actual. Estan moblats, tenen de tot, el refugi perfecte mentre continuem compartint el pis familiar amb ell. Quan li pregunto quan puc entrar-hi, em dona les claus. «Ara». Li faig una abraçada, a ell, a l'univers, al sí màgic que fa que hi hagi llum enmig de la foscor. I quan li pregunto quant em cobrarà, contesta «Com vols que li cobri, a la meva cosina petita?», mentre em despentina els cabells.

26

M'he passat la vida amagant els meus sentiments, mostrant-me forta, com una cavallera amb armadura de foc que ningú no pot ferir. Ara, no. Ara soc un llibre obert, ara tinc una fragilitat tendra i sincera, una fragilitat gairebé carnal. Soc delicada. Per primera vegada a la vida soc susceptible de ser trencada en mil bocins. Sempre havia pensat que la debilitat allunyava la gent, però des que estic així que només se m'apropen persones boniques.

A poc a poc, els dimecres i dijous es converteixen en el meu refugi amb els amics. Amics que no existien abans d'estar separada. I que, dia a dia, es convertiran en el més sòlid que tinc ara mateix. No puc dir que hagin aparegut a la meva vida de casualitat. Els he buscat, els he triat sabent que serien un puntal, que podrien sostenir-me. Van passant les setmanes i també els sostinc jo a ells. Tots tres formem un castell fortificat que ens protegeix els uns als altres. La Míriam, l'Aleix i l'Alba seran el meu refugi.

A la Míriam la conec en una lectura que dirigeixo jo, quan estic en plena crisi amb ell. S'ha separat fa uns mesos i tot i que intenta aparentar que està millor que mai, les set birres que es beu i el seu discurs contradictori evidencien que no. M'explica com se sent, i ara hi penso i és exactament com em sento jo en aquests moments, que fa unes setmanes que estic separant-me. Em costa dir «separada», em costa deixar de fer servir el gerundi per passar a l'adjectiu. Em diu que ara riu, però que quan torni a casa és possible que es passi tres hores plorant. Que un dia es lleva enyorant la família i l'endemà els fills li fan nosa. Jo la miro amb un punt d'horror. Jo no seré així, em dic a mi mateixa, jo no em separaré, jo mai no estaré tan perduda com ella. I ara m'enric d'aquella directora, segura que creia que ho tenia tot controlat i que era forta i infranquejable. Ric i ploro, tot alhora, com feia la Míriam fa uns mesos, quan ens vam conèixer. I també hi ha dies que els nens em sobren, i moments que li trucaria i li suplicaria que tornéssim a ser una família. La Míriam té dos nens, i de seguida ens fem amigues. Soc sobretot jo qui li fa un lloc a la meva vida, i ella s'hi posa còmoda, perquè l'amistat, com l'amor, també neix d'una necessitat.

L'Aleix apareix en un sopar a casa de l'Alba, una de les meves millors amigues, una actriu de teatre que fa poc que ha fet el salt al cinema i que s'està convertint en una de les cares de moda, però que continua tan hippy, despistada i tranquil·la com quan ens vam conèixer a l'Institut del Teatre i passàvem hores assajant a la planta menys quatre, en búnquers que ens donaven la vida. L'Aleix el conec des de fa anys. De fet, recordo haver intentat seduir-lo la mateixa nit que ens van presentar. Intento que faci memòria i riem. Perquè no ho tenia present. També pot ser que jo, que fa deu anys era més aviat maldestra amb el tema de la seducció, no fos tan clara amb els meus senyals com em vaig pensar en aquell moment. La nit s'allarga, tornem caminant a casa i, quan em deixa al portal, sembla que passarà alguna cosa. Ens mirem, intensos, una d'aquelles mirades de més d'un segon que em fan posar nerviosa, que em fan mirar a terra de seguida, que em recorden les del guionista de Madrid i que feia onze anys que no em feien. Torno a alçar els ulls i ens somriem i li faig una abraçada. Amb aquesta abraçada, que ell respon prement-me entre els seus braços amb força, tots dos decidim, sense parlar, que el millor que podem construir és una amistat. Una amistat que ens farà forts, que farà tribu, que crearà una nova família més sòlida, més ferma, potser fins i tot eterna.

La segona setmana al pis de Provença, l'Aleix i la Míriam es converteixen en uns fixos dels dimecres i els dijous. No concebo estar una nit sola sense els nens en un pis estrany, i ells m'acompanyen. Riem, bevem, em tiren les cartes, tots dos, perquè tots dos són una mena de bruixots encantadors que la providència ha posat al meu camí per guiar-me. Ens estem convertint en un trio fantàstic. De vegades a casa meva, de vegades a la d'ella, de vegades a la d'ell. L'Aleix té una casa llogada a l'Empordà amb l'Alba i altres amics i la casa es converteix en el nostre santuari. Hi anem sovint, de vegades amb l'Alba, de vegades tots junts, de vegades només l'Aleix i jo. Llegim, caminem, escoltem música, juguem a jocs de taula i, massa sovint, bevem més del que voldríem.

La primera nit que arribem a la casa sempre és com si fos l'última de la nostra vida. Comprem vi per a tot el cap de setmana i ens l'acabem abans de les dues de la matinada, perquè volem deixar Barcelona i els problemes ben lluny, a força de copes de vi. I anem al llit fent tentines, i sovint pugem les escales que porten a les habitacions tots tres junts, recolzant-nos els uns en els altres. L'Aleix alguna nit proposa que dormim tots tres junts, que és bonic dormir abraçat a algú, i la Míriam i jo ens mirem i ens pixem de riure. Amb el merder mental i emocional que portem totes dues, només ens faltaria això, ara.

Començar a dormir en trio. L'Aleix ens fa veure que potser és precisament el que necessitem. Ves a saber. Però de moment mantenim aquesta amistat estable que ens fa bé, que ens acarona i ens fa sentir part d'alguna cosa que té sentit. Paradoxalment, la Míriam i jo coincidim que aquesta comunitat que hem creat, que hem buscat, que hem cuidat, té més sentit que la família que deixem enrere. I aquest pensament ens alleuja i, per una estona, ens fa sentir que hem fet les coses bé.

27

Enmig d'aquest desgavell de vida, al calendari hi ha una data assenyalada. Ell i jo no ens parlem, però el nostre fill petit complirà tres anys la setmana que ve. Els nens li toquen a ell. No puc suportar-ho. No m'entra al cap la idea de dormir separada del meu fill petit la nit del seu aniversari. No puc ni plantejar-me no despertar-me al seu costat i em sembla injust, irreal i sàdic que això hagi de ser així només perquè el seu pare i jo hem decidit separar-nos. M'aturo davant d'aquesta certesa i la poso en qüestió. No tinc clar que haguem decidit separar-nos, tampoc tinc clar si va ser ell tot sol, amb aquella videotrucada qui ho va fer unilateralment. No sé si jo ho he acceptat perquè no tenia més remei o perquè ja m'anava bé. Potser soc jo qui ha encès la guspira que ho ha incendiat tot, i ho he fet amb tota la intenció. Potser hem comès l'error més gran que podíem cometre, o simplement ens hem lliurat a l'inevitable. No sé si tindré mai clar el que ens ha passat, ni si algun dia sabré si el que «ha passat» ha estat per bé o per mal. Només sé que la setmana que ve el meu fill petit fa tres anys, i que tot apunta que no es despertarà abraçat a mi, com cada nit des que va néixer.

Quan li plantejo la meva necessitat de dormir amb el Josep la nit de l'aniversari, ell respon fent que no amb el cap. «Em toca a mi», afirma. Llavors li plantejo que el vull veure, que vull estar amb el meu fill el dia del seu aniversari. No s'hi oposa, i li proposo anar al pis familiar a les set del matí, esmorzar tots junts, fer-li un regal conjunt i portar-lo a l'escola plegats. Diu que sí a tot, menys a dur-lo a l'escola plegats. Li toquen a ell, els portarà ell. No li replico ni li dic que d'acord, simplement sé que, com ja és habitual, les coses es faran com ell mana. Soc al pis de Provença inflant amb una bombona d'heli que he comprat per internet un globus de dos metres amb forma de cavall, un altre de lleó i un una mica més petit amb forma de coet. Són les sis del matí, i gairebé no he dormit en tota la nit. Fa tres anys érem a la clínica, fa tres anys estava de part i ara estic en un pis que m'ha deixat el meu cosí inflant globus tota sola. No he tingut fills per no estar amb ells el dia del seu aniversari, no he tingut fills per perdre'm la meitat de la seva vida.

El globus, un cop inflat, surt disparat cap al sostre. He d'agafar una cadira per arribar-hi. Merda. No tinc cap fil, cap corda. Com el lligaré? No puc transportar els globus agafats amb la mà, se m'escaparan i necessitaria cinc mans per retenir-los. Com puc lligar un globus? Intento fer un fil de paper de plata, però de seguida es trenca i passa el mateix amb el paper film. Obro tots els calaixos i no hi ha res que em faci servei. Fins que obro el calaix on hi ha les estisores. I tinc una idea.

Va ser precisament el matí del meu darrer aniversari que ell em va regalar un vestit. Era un vestit llarg i cenyit, d'un color verd blavós. Me'l vaig emprovar mentre esmorzàvem i tots tres van coincidir que estava guapíssima. Des que ens hem separat que no me l'he pogut posar més. Quan el miro el veig a ell. Recordo la manca de desig a la seva mirada, la desgana d'aquell darrer regal, la tensió, les ganes de marxar.

He agafat el vestit de la maleta. Com que em moc tan sovint entre la casa «familiar» i el pis del meu cosí, acostumo a deixar-ho tot a la maleta. És més pràctic, ho tinc tot a mà i també és una manera de resistir-me a assumir com a normal la situació actual. El vestit el vaig posar a la maleta el primer dia de la meva vida nòmada i no l'he tret més. Està arrugat, però és prou llarg per al que necessito. Ja tinc les tisores a la mà i, sense dubtar-ho, començo a tallar. Ho faig des de la vora de la faldilla fins la part que toca al coll. I després tallo la màniga. La llargada és perfecta i faig tres tires prou amples per al servei que han de fer. Només em cal arrodonir una mica la punta per col·locar la cinta verda improvisada als globus gegants. Ho faig, lligo la cinta al respatller de la cadira de la sala, una cadira plegable d'Ikea tan impersonal que fa mal, però que també fa el fet.

Em sorprenc maquillant-me abans de marxar. Ho faig per ell. Vull que em vegi guapa. Vull que es penedeixi del que ha fet. Vull que s'adoni que l'ha cagat. I també ho faig per mi. Per sentir-me forta, per creure que puc tirar endavant ni que sigui a força de llapis d'ulls negre i maquillatge marró fosc. No vull fer cara de no haver dormit més de dues hores, no li vull donar aquest plaer. Surto al carrer. A les set del matí hi ha pocs vianants, però tots els que es creuen amb mi i els tres globus gegants em somriuen. Per què? Per què pensen que el fet que estigui transportant globus és divertit? M'imagino que pensen que vaig a una festa infantil, que en tinc ganes, que estic feliç. Els aturaria i els explicaria com em sento, els diria que no he dormit amb el meu fill, que fa tres anys em van haver de fer un tall de dos centímetres perquè pogués sortir del meu cos. Que fa tres anys era dins meu i ara és al pis que era de la meva família fins fa quatre dies. I que ha dormit amb el seu pare i el seu germà, sense mi. Els que em somriuen no poden ni sospitar que m'he hagut de prendre un orfidal de matinada per calmar l'angoixa, que gairebé no he dormit perquè és totalment antinatural que no sigui amb els meus fills. No imaginen ni preveuen que el dolor pot ofegar-me en qualsevol moment, que em pot fer caure sobre la vorera de cop, i per sempre.

Aturo un taxi amb la mà i, com puc, entro a la part de darrere estirant el fil del vestit verd que em va regalar sense desig, ni ganes, ni amor, i faig tres estrebades per fer entrar els globus gegants dins del cotxe. Estan aixafats contra el sostre, però no es peten. Sort que almenys ells són resistents. El taxista de Barcelona ni en una situació així fa cap comentari, cap pregunta. L'hi agraeixo, si li hagués d'explicar per què estic agafant un taxi a les set del matí amb tres globus gegants plens d'heli potser no tindria esma de sortir del taxi. Faig que s'aturi al forn de la cantonada de casa. Encara dic «casa». Encara ho és, suposo. La meva casa a temps parcial. La casa dels nens a temps complet. Demano dònuts de xocolata i el croissant de xocolata que a ell li encanta. Per què encara penso en ell? Per què, després de tot, encara vull fer-lo feliç?

Al portal obro amb les meves claus, però a dalt, no. Pico al timbre, ja hem quedat així, amb ell. La meva visita és una sorpresa. M'amago darrere els globus de cavall, de lleó i de coet i quan obren la porto sento un «Ohhh» dels tres a la vegada. Els nens es llancen als meus braços. Ell i jo ens mirem, descol·locats, perduts. Fa tres anys estàvem vivint junts un dels moments més importants de la nostra vida. El fracàs està imprès en els nostres rostres, no cal dir res més.

28

En aquesta època boja, a part de compartir la casa familiar, també compartim el cotxe. Quan estic amb els nens tinc casa i cotxe, quan no estic amb ells, no tinc res. Només una desesperació i una solitud profundes, només ganes de fugir corrents, de beure, de fumar, de drogar-me per oblidar el que m'està passant. De moment, intentem que els nens no ens vegin quan estan amb l'altre, pensem que és més prudent, que són massa canvis i que és millor no atabalar-los. L'aniversari del Josep va ser una excepció i aquella nit es veu que els nens preguntaven per mi. Ells necessiten veure el seu pare i la seva mare, però junts, feliços. I això no passarà mai més. Mai més. Quin mal que fa aquesta certesa.

Els dijous faig de professora de guió fora de Barcelona, i necessito el cotxe. Ell porta l'Oriol amb el cotxe a l'escola i quedem a les nou allà a la porta per fer l'intercanvi. Sempre arribo abans i, des de la cantonada de davant, veig com ell fa la cua amb el meu fill per entrar a l'escola. Jo m'ho miro des de la distància, com si fos una delinqüent, com si fos una segrestadora, una pederasta. El pit em crema i tinc ganes de cridar-lo, que em vegi, que hi soc, que no l'he abandonat. Però hem acordat que no, que no el veuria, que és el millor per al nen. Quan l'Oriol entra a l'escola li fa una abraçada a ell. Jo també vull una abraçada, un petó, l'Oriol també és fill meu, no em pots deixar al marge d'aquesta manera. Però ho he acatat, he dit que sí, no m'hi he oposat. Per què soc tan dòcil amb ell? Cada dia és més dolorós, així que un vespre li truco. M'he promès no preguntar, m'he promès que sentenciaria, que seria jo qui decidiria. No em contesta. Mai agafa el telèfon a la primera, no sé si per demostrar-me que no em necessita, que no li importo, per fer-me patir o si, simplement, que no l'agafi no té res a veure amb mi perquè jo ja no soc el centre del seu univers. Em torna la trucada passades les nou. «Estava fent dormir els nens». Jo repeteixo la frase que fa una hora que estic assajant: «Demà, quan vagi a agafar el cotxe, li faré una abraçada a l'Oriol». Un silenci a l'altra banda. «No ho veig clar», diu ell. Has de ser forta, no pots deixar que et toregi, no pots deixar que mani sempre, no pots deixar que sigui el comandant de la teva vida. És el teu fill, és la teva decisió, ho estàs fent bé, no deixis que et posi en dubte. «A poc a poc s'hi haurà d'anar acostumant». Un altre silenci. «No ho entendrà». Comença l'estratègia sibil·lina de fer-me sentir malament, de fer-me trontollar, de fer-me dubtar, de fer-me pensar que les meves decisions són incorrectes, que faré mal al nostre fill, que soc una egoista. «Explica-li que necessito el cotxe per anar a treballar». Un silenci etern, per fer-me canviar d'opinió, perquè pateixi. Aguanto i callo. «Com vulguis», diu ell. I pengem, «Fins demà».

Els veig arribar des de darrere el vidre de la cafeteria i, abans que surtin del cotxe, ja soc al costat de la porta del darrere. Obro jo, sense esperar el permís d'ell. L'Oriol em mira estranyat. «Mama!», crida content, i jo l'abraço. Li explico que necessito el cotxe i que aprofito per fer-li un petó i per acompanyar-lo a l'escola. El nen somriu, feliç. Ell em mira amb una mirada serena, però de negació i prohibició. «No havíem quedat així», em diu sense que el nen ho senti i quan jo ja estic agafant la mà de l'Oriol, que la prem emocionat perquè l'acompanyo a l'escola. «Com?», pregunto. «Havies dit una abraçada i prou». Em costa entendre el que està dient. I l'hi pregunto directament. «M'estàs dient que no el puc acompanyar a l'escola?». Ell no dona cap explicació, simplement assenteix amb el cap. Jo insisteixo, li farà bé veure que els seus pares fan la cua per entrar a l'escola, junts. Què hi ha de dolent en això? No ho entenc. No l'entenc. Això no l'hi dic, torno a insistir, però ell agafa l'altra mà de l'Oriol i li diu: «Fes-li un petó a la mama, que fa tard». A sobre! A sobre em deixa com una irresponsable, però jo no el rebato, jo no ho nego, jo no em vull barallar amb ell davant del meu fill gran. El nen em fa un petó llarg, content. «Em vens a buscar tu, avui?». «No, avui esteu amb el papa», dic somrient i aguantant-me molt fort les ganes de plorar. Ell em mira, com dient: ho veus com s'ha confós, ho veus com li has fet mal? Em diu egoista amb la mirada, i mala mare, i pesada, i insuportable, i tots els adjectius terribles que deu pensar de mi i que no puc ni imaginar.

Miro com marxen. Entro al cotxe, sec al volant i observo com fan la fila junts. Masoquista, espero que arribin fins on és la professora, veig com l'Oriol l'abraça. I després, veig com s'abracen amb el seu pare. Sense mi. Espero que entri a l'escola, i veig com ell se'n va caminant carrer avall. Engego el cotxe i marxo, i al primer semàfor començo a plorar sense fre. Faig el trajecte de quaranta minuts sense parar de plorar. Em mataré, tindré un accident i serà culpa seva. Però no m'esclafo contra un cotxe que va contra direcció, no perdo el control i m'encasto contra un arbre. Sobrevisc. I per un moment preferiria haver-me quedat estesa a la carretera, desnucada, atropellada per un camió, amb una hemorràgia interna letal. Morta. Sense pols ni patiment, per sempre.

29

Quan arribo al pàrquing de la universitat m'eixugo les llàgrimes amb uns mocadors de paper que sempre duc al cotxe. Respiro, per calmar-me, em miro al mirallet de sobre el volant i trec tot l'aire que tinc als pulmons. Ho faig unes quatre o cinc vegades i vaig al bar a fer un cafè. El cambrer em fa broma només veure'm, em diu que faig mala cara, que dec haver tingut una nit mogudeta. Jo somric, fingint haver tingut una nit de sexe desenfrenat i li demano un cafè ben carregat per tal de corroborar la coartada.

Durant la classe aguanto com puc. En sé, de dissimular els meus sentiments, de fer-me la forta, de fer veure que no passa res. Fins i tot riem amb els alumnes en algun moment. Però al vespre, quan arribo al pis de Provença, em desplomo al terra de la cuina, que és estreta. I llarga. Del terra estant m'agafo al mànec del congelador per intentar incorporar-me, però no ho aconsegueixo. M'abandono al terra de parquet, ratllat i rugós, i noto una olor estranya, potser restes de cubates de festes d'antics llogaters guiris. M'estiro bocaterrosa i m'arrossego fins al marbre de la cuina, on tinc el mòbil. Allargo el braç, no hi arribo. M'incorporo com puc, just per arribar al telèfon. L'agafo i em torno a desplomar. M'abandono sobre el terra. Aquesta vegada no busco un salvador entre els meus contactes. Sé a qui necessito ara mateix. I redacto un missatge de socors, curt i precís, «Papa, soc al pis, pots venir?».

Ha tardat menys de mitja hora, i jo m'he incorporat, m'he rentat la cara, m'he maquillat. El maquillatge no dissimula les ulleres d'haver passat hores plorant però almenys no estic tirada a terra, arrapada al mànec d'un congelador estrany. Li explico el que ha passat. Primer calla. Fa un posat que no li havia vist mai. Fa que no amb el cap i, sense previ avís, explota. I ho fa contra mi. Em recrimina que deixi que ell mani, que mani en la negociació, en el conveni, en els pactes, en els meus fills. Li sorprèn que el deixi tractar-me així, però en lloc d'abraçar-me, de dir-m'ho amb amor i calma, ho diu cridant, fora de si, superat, enfadat com feia anys que no estava. Em faig petita, minúscula. I quan ha acabat li dic: «No pots parlar-me així». De seguida em demana perdó, em fa veure que si perd els papers és perquè jo li estic cedint el terreny en tot i que no pot ser, que no em puc deixar sotmetre, que el que pacti ara serà el futur dels meus fills, que no puc deixar que no em permeti acompanyar el meu fill a l'escola. Jo callo, i torno a plorar.

El meu pare és un home tranquil però també és d'aquells que quan s'enfada fa molta por. I no m'esperava aquesta reacció, tot i que segurament és la que em mereixo. No sé per què no he retingut l'Oriol amb la mà i he anat amb ells a l'escola, sense fer cap cas del que m'ha ordenat ell, no sé què em fa tornar-me submisa davant d'ell, petita, feble, ningú. Aquesta és la meva sensació quan estic amb ell, que no soc ningú, que no compto per a res, que només soc aquí per fer el que ell ordeni. I el meu pare no ho pot tolerar, perquè em veu plorant, feta pols, desfeta, sola en un pis estrany, sense els meus fills. Perduda com mai ho he estat en tota la meva vida. El meu pare també pateix. Veure'm enfonsada el destrossa, no poder veure els nets quan vol, no tenir-hi contacte diari. «Tu ho estàs passant malament, però nosaltres també». No ho diu, no ho verbalitza, però sé que és el que està passant. I encara em sento més malament, més culpable. No estic destrossant la vida dels meus fills, només, també la dels meus pares. Quan s'ha calmat una mica, agafa el telèfon. M'anuncia que li trucarà, que li dirà de tot, que algú li ha de parar els peus. El miro com a un heroi, com al meu cavaller salvador, però ploro encara més i li demano per favor que no ho faci. Muntem una escena italiana d'estira-i-arronsa, jo li intento prendre el mòbil, ell m'aparta i jo em rendeixo. Però li suplico amb mirada de nena petita, desemparada, abandonada, aterrida. Això només complicarà les coses, això només m'anirà en contra. «Sisplau». I el meu pare claudica. I deixa el mòbil sobre la taula. Una pausa llarga, com d'obra de teatre de Bergman. «Quan estàveu junts et tractava així?». I llavors, ploro més que mai.

4. ABRIL

Porta sempre condons a la bossa

30

Mai m'havia sentit així: a dies eufòrica, a dies enfonsada, a dies mare coratge, a dies soltera embogida. Necessito el meu centre, però temo que no el trobaré aviat, i comprenc que potser ara el que em convé és aquest anar i venir emocional, aquesta combinació d'alcohol i festa amb els amics, amb responsabilitat i sopar a les set de la tarda mentre explico contes inventats. L'anar i venir de la casa familiar al pis de soltera no m'ajuda a estar estable i confio que, quan tingui casa meva, per fi, les coses començaran a posar-se a lloc. Però temo que no serà així, temo que quan ell marxi definitivament tindré un daltabaix. Intueixo que serà llavors quan m'adonaré que això és per sempre. Que no és provisional ni transitori, que no és ni una fase ni una etapa. Que és la meva nova vida.

Mentrestant, amb ell seguim amb el calendari establert per la desconeguda i anem perfilant els detalls de l'acord de separació. Algunes de les sessions de mediació són per Zoom. Jo, de tant en tant desconnecto la càmera per plorar. Ell em diu «No se't veu», la mediadora entén que trec la imatge per plorar tranquil·la. «Vols que parem?», pregunta. Obro el micro: «Sí». I desconnectem. Fem una pausa d'uns minuts i continuem quan jo he deixat de sanglotar. No dissimulo el meu dolor, ni el meu plor, ni la pena, ni el buit. Ell és més capaç de fer-ho, més dur, més opac, però no pot ser que no pateixi, no pot ser que no se li trenqui el cor quan parlem del calendari, de la guarda, quan posem sobre la taula en un text per firmar que ens perdrem la meitat de la vida dels nostres fills. Ens hem de repartir una vida en comú. Estic temptada de dir-li que s'ho quedi tot, que s'ho confiti. D'agafar-me un pis nou i comprar-me mobles cars i estridents. Vull mobles de colors, vermells, roses, verds. Vull color, vull vida. Vull que s'acabi tota aquesta merda. Ell continua sense voler parlar de per què ens hem separat i jo em sento com si estigués veient una pel·li al cine sense haver-ne pagat l'entrada. No entenc res. I vaig avançant en els pactes sense saber què estic fent realment. No puc més, estic esgotada, no puc parlar de qui es quedarà els mobles, ni els àlbums de fotos, ni les sabates, ni la roba, ni les joguines, ni els llibres ni l'ànima de la nostra família.

Un matí, la mediadora em truca i em diu que ell està fort i que jo estic massa feble. Com si fos una novetat, com si fos una cosa que jo no sabés. Aquest és el drama, el malson, l'infern. M'aconsella que lluiti, perquè si no ho faig, ell farà de mi el que voldrà. On és la Superwoman? On és la dona forta? Com pot ser que un home m'estigui destrossant la vida d'aquesta manera? Com pot ser que aquest home sigui el que ha estat la meva parella durant onze anys? Que sigui el pare dels meus fills? La mediadora intenta ser objectiva, però jo li noto la sororitat, sé que el que em diu és pel meu bé. Em fa una llista de tot el que li estic donant que no tinc per què donar-li. Tot això és material. Tot això no m'importa. Té el meu cor, la meva calma, la meva vida, la meva família. Qui m'ho torna, això?

Quan estem amb els nens fem videotrucades, però ell i jo no parlem mai. Un dia li truco directament, sense fer videotrucada, per sentir-li la veu, per parlar-hi, per obligar-lo a donar la cara, perquè parlem de com hem arribat fins aquí. Em respon i ploro durant una hora. És pràcticament un monòleg. Ell diu que m'escolta, però que no està en aquest punt, que no és això el que necessita, que té moltes coses al cap. Vivim en universos diferents i no entenc res. Li exigeixo que marxi de casa, no puc suportar compartir llit amb ell. Perquè encara que no ens allitem, dormim junts, sento la seva olor quan dormo al nostre llit, compartim el vas on guardem els raspalls de dents. I encara tenim les fotos que reflecteixen la nostra felicitat passada per tota l'habitació.

Encara falta temps perquè ell trobi un pis, perquè marxi de casa. El primer dia que em tornen a tocar els nens recullo totes les fotografies que hi ha a la nostra habitació. Abans de parir vaig posar una norma: l'habitació continuarà sent nostra, serà de la parella, la decoració seran fotos de nosaltres. A l'habitació no havíem de ser el papa i la mama. Havíem de ser els amants, havíem de ser els enamorats.

Després de parir vam trencar el pacte. Al costat d'una foto d'ell i jo mirant-nos enamorats amb la ciutat de fons, hi vam posar la foto de tots dos just en el primer moment d'abraçar el nostre fill. Tots dos amb el barret de quiròfan, jo amb les ulleres antigues, grosses, de pasta, i l'Oriol minúscul, aferrat al meu mugró per primera vegada. Aquesta és la fotografia que ara tinc a les mans. No sé què fer-ne i la deixo sobre el llit, posposant la decisió.

Les fotos són en una lleixa d'Ikea. N'hi ha sis, una al costat de l'altra, amb el mateix marc. La primera és la de tots dos mirant la ciutat. També n'hi ha una on estem nus en un riu, jo l'agafo des de darrere i ell mira cap al cel, amb els ulls tancats, feliç. El meu somriure d'enamorada en aquella foto fa que sigui la primera que deso en el calaix de la seva tauleta de nit. Ja no som això, oi? Doncs fora de la vista. Què som, ara? Una foto de les nostres mans, aferrades l'una a l'altra enmig dels camps amb bales de palla de l'Empordà. Al calaix. Tots dos fent-nos un petó amb els ulls tancats i amb el mar de la cala Roja de fons. Al calaix. Fent brindar dues copes de cava un Cap d'Any, amb les garlandes i els barrets del cotilló. Al calaix. Recupero la foto del part de sobre el llit, la miro i dubto. Estem tan feliços, tan emocionats que em costa respirar. És un record de tots dos, però també meu, també de l'Oriol. És el meu part. M'imagino la foto a la meva habitació de «soltera» i el dubte desapareix. Agafo l'escala i pujo fins a l'altell on guardem les capses de records dels nens i poso la fotografia del part a la capsa de records de l'Oriol. Al cap i a la fi, si aquest moment és d'algú, sobretot és d'ell. Què hi ha més important en una vida que el dia que neixes?

31

Al principi d'aquesta crisi vaig escriure pensaments i sentiments en una llibreta. Feia anys que no en tenia necessitat. Anys de tranquil·litat, d'escriure obres de teatre i pel·lis, però cap dietari personal. Anys d'estabilitat emocional. Ara, quan hi penso, dubto si allò era fingit, si em creia que estava bé però en realitat no ho estava. Però és un pensament nociu i intento alliberar-me'n.

El diari és una llibreta vermella que jo mateixa vaig embolicar amb paper de regal i vaig etiquetar amb el nom «Mama» l'última nit de Reis. La vaig col·locar dins de la meva sabata i va ser l'únic regal que vaig rebre dels Reis. Els Reis més tristos de la meva vida. Recordo haver fingit alegria, quan ell i jo estàvem pitjor que mai. Sempre la porto a sobre, però amb tanta maleta amunt i avall he de regirar tota la casa buscant-la. La trobo en una de les butxaques de la motxilla de l'ordinador. Potser allà entendré alguna cosa del que ha passat. Potser els records m'ajudaran a agafar forces.

El primer que hi ha escrit és que ell m'ha dit que se li ha acabat la paciència. Em titlla de manipuladora i de mentidera. Una discussió que acaba amb «Quin desastre», frase que ell diu abans que jo m'aixequi per anar al llit. Aquella nit, per primera vegada en onze anys, dorm al sofà.

Una altra de les discussions que narra el diari és sobre qui ha fet més feina psicològica. Ell afirma que n'ha fet molta més que jo. Jo li recordo els meus anys de teràpia i que ell mai no ha trepitjat la consulta d'un psicòleg. Que absurd. Quines ganes de competir per competir. Al diari explico que el noto fred, distant, que sento que m'odia. No puc evitar sentir que em culpa de tot. I això és el que em mata, això és el que em fa petita, el que m'afebleix, el que em destrossa.

Un dels primers caps de setmana de mal rotllo, ell s'emporta els nens. En principi, a passar el dia a casa dels seus pares, que tenen una segona residència al Montseny. Normalment em diu sempre que han arribat bé, aquell dia no ho fa. Li envio un missatge a les nou del vespre: «Entenc que no veniu a dormir». Contesta amb una foto dels nens sopats i banyats. Res més. He de deduir que no. Aquesta és la comunicació freda que ha continuat establint amb mi fins al moment. Ara ho veig tot, ara ho entenc tot. Fa mesos que estem separats. Compartíem casa, ens dèiem família, però ja no érem res. Només cendres del que alguna vegada vam projectar ser.

A la llibreta parlo d'aquell cap de setmana que ells són al Montseny, i que ara, desmemoriada patològica, soc incapaç de recordar. Dic que he evitat quedar amb gent, he evitat fugir i m'he obligat a passar el cap de setmana sola a casa. Em sento bé sense ell. L'angoixa ve quan penso que tornarà i que tornarem a estar en tensió. I, en aquest moment, recordo les paraules de la terapeuta «Tots arribeu aquí molt desgastats». I recordo aquell desgast, aquell cansament. Ara estic trista, devastada, però almenys no em sento cansada, almenys el meu dia a dia no és una lluita constant, no és una tensió insuportable. Parlo de deixar-lo, de fer-ho ara, abans que ens perdem el respecte.

A la següent discussió em diu «Ets una maleducada». Potser fem tard en això de perdre'ns el respecte. A la llibreta hi ha una frase que ara, convençuda que vull lluitar, atemorida per la separació, acollonida per la solitud, se'm revela com una profecia: «En el fons, sé que si ens separem els nens estaran millor». Penso en els nens, però i jo? Estaré millor, jo, separada? Qui m'ho pot dir, això? Necessito tenir-ne la certesa per fer el pas definitiu. Necessito saber-ho. Està a les meves mans el pas definitiu? A les seves? No l'hem fet, ja, aquest pas? Per què m'enganyo? Per què penso que encara em puc fer enrere? Que podem tornar a l'inici de tota aquesta merda i posar-hi remei? Estem parlant de qui es queda el cotxe, el pis, els mobles... Està tot fet. No hi ha res a revertir.

Menjo cacauets compulsivament mentre llegeixo i bec cerveses una darrere l'altra. Allà parlo dels meus intents d'acostar-m'hi. Li proposo anar de viatge, sols. Quan em diu que no, li dic que també hi podem anar amb els nens. Agafar aire, agafar perspectiva. Estic desesperada per salvar una relació a la deriva. Ell diu que no a totes les meves propostes. Ell és més lúcid, potser? Ell té clar que això nostre no té cap futur i jo m'aferro a una idea del passat? A les notes només parlo de tristor, de cansament i d'incertesa. La mateixa incertesa que tinc ara.

Sempre he pensat que el sentit de l'humor ho cura tot, però ell no hi posa humor. Està massa enfadat. Però enfadat per què? Al diari escric pensaments que em trenquen: «No vull estar sola, vull la meva família». Allà soc clara i sincera, i aquesta transparència és clarividència en el present: no vull estar sense els nens i no vull estar sola. Llegint-ho des d'on soc ara m'esgarrifa. Quan tinc els nens no estic bé, quan estic sola tampoc. No estic bé. No sé qui soc. No tinc centre des de fa tant temps... Al diari no parlo d'ell. Parlo dels nens i de la meva solitud. Ell no té res a veure amb la meva ferida, amb el meu buit, amb l'abandonament de la meva mare quan jo tenia quinze anys. A la llibreta repeteixo que no em vull separar, una vegada i una altra. I, en el present, aquest desig se'm clava com una daga. I la darrera frase, la que tanca la llibreta a la pàgina vint, és colpidora: «Hi ha alguna cosa que em fa pensar que ell ja s'està preparant per separar-se».

32

La meva germana, més impulsiva que jo, em diu que no sap com ho aguanto. Jo tampoc no ho sé. Ella ja li hauria muntant un numeret, ella ja li hauria dit de tot, ella ja l'hauria engegat a la merda. Jo no ho he fet i no sé per què. És una qüestió d'autoestima? Em fa por que ell pensi que no estic actuant correctament? Em fa por decebre'l? Per què he deixat que la nostra separació fos silenciosa i contenciosa? Per què no li he exigit que donés explicacions, que agafés les regnes, que donés la cara? Tan petita em sento? Tant poc em penso que em mereixo? Però com es pot obligar algú a parlar? Com es pot obligar algú a ser empàtic? A comprendre, a escoltar, a sentir, a estimar?

Cada setmana que passa suporto menys l'anar i venir de maletes, la vida nòmada que no he triat. I cada setmana no parlar amb ell em fa més mal, i alhora, d'alguna manera, també m'allibera. La Míriam, que té una relació molt bona amb l'ex, m'assegura que és molt millor tallar en sec, com ha fet ell. «En dos dies estaràs de puta mare», afirma. I jo no ho crec, però m'aferro al presagi. I li demano que em tiri les cartes. Tota l'estona surt l'Estrella. «Tens una estrella, bonica», em diu, «una estrella que et protegeix i et porta sort. Sempre l'has tingut. Confia-hi».

Hi confio tant que, sense saber com, soc al taller de tatuatges del costat de casa. Són les nou i deu del matí, acabo de deixar els nens a l'escola i, en passar per davant del taller, m'hi he aturat. Està tancat i m'enganxo al vidre de la porta per veure si trobo un cartell on hi digui l'horari. És a l'esquerra. De deu a dues i de quatre a vuit. Torno a enganxar-me al vidre, aquesta vegada per veure com és el taller. M'adono que no he entrat mai a un taller de tatuatges. Quan la meva mare em va dir que es volia tatuar l'escut del Barça em va demanar que l'acompanyés a un taller que li havia recomanat el net d'una de les seves amigues. Però m'hi vaig negar i va acabar anant-hi amb la seva amiga.

Però ara soc diferent, ara tot és nou i jo també soc nova. Necessito gravar-me l'estrella que em protegeix a la pell. Vull poder mirar-la sempre que em senti perduda, recórrer-hi, que sigui el meu amulet a partir d'ara. Una estrella que em guiï i em protegeixi. Noto alguna cosa que em toca l'espatlla i faig un crit. Em giro i és un noi d'uns trenta anys que em somriu. Els braços plens de tatuatges i, al coll, una flama que surt de la boca oberta d'un drac que treu foc per la boca. És l'amo. No hi ha dubte.

Tot i que falten cinquanta minuts per obrir, em fa passar. Li explico que jo no m'he tatuat mai res, però que ara m'estic separant i que sento que és el moment. Sono ridícula i ell somriu. M'explica que hi ha molta gent que es fa un tatuatge quan se separa. Que, de fet, molts dels seus clients es fan tatuatges en un moment cabdal de la vida: la mort d'un ésser estimat, quan s'enamoren, quan han fet un viatge especial i també, esclar, quan se separen. El tancament de qualsevol etapa de la vida és un bon moment per fer-se un tatuatge, assegura. Em parla de les vegades que, en lloc de tatuar, es dedica a esborrar noms de la pell dels que es van imprimir impulsivament el nom de la seva parella. I riem. Feia molts dies que no reia, i ens somriem. I em mira com el guionista, com l'Aleix, la primera nit. I jo li aguanto la mirada i somric. Sembla un noi sensat. M'explica que quan li venen jovenets enamorats, que es volen tatuar el nom de l'estimada o de l'estimat de torn, els convenç de no fer-ho o de fer alguna cosa més genèrica. En lloc de posar el nom, posar-hi un cor, la paraula «amor», o qualsevol paraula que continuï tenint sentit si la parella es trenca. A vegades se senten ofesos i no tornen, de vegades li fan cas i d'altres ho tenen tan clar que acaben amb un «MARIA» que els cobreix tota la cuixa dreta i que, mesos o anys després, venen a esborrar-se.

Li explico que la meva idea és tatuar-me una estrella. Petita, en un lloc que sempre que calgui pugui veure. Li sembla una bona idea, un tatuatge petit per començar. Puntualitzo que no estic començant res, que només vull aquest tatuatge i que serà el primer i l'últim. Però ell afirma que tatuar-se enganxa. I, sense previ avís, es treu la samarreta i descobreix un pit totalment tatuat: la cara d'un llop amb la boca oberta és el més gran, central, entre els mugrons i el melic. També hi ha uns auriculars de DJ, uns peus, una gàbia oberta al costat d'un ocell petit que emprèn el vol, «Love yourself first», una flor i una espècie de mandala laberíntic. De cop em sembla caòtic, excessiu, exagerat, barroc. Però somriu. I el seu somriure em guanya. M'aferraria a ell i no el deixaria anar. Un home tatuat que em salva, un llop que mossegarà els qui em vulguin fer mal. Es gira i m'ensenya l'esquena. L'ordre. Tot el contrari que el pit. Només una paraula en horitzontal «Maybe». Em sembla una boníssima declaració d'intencions. Un gran «Potser» tatuat a l'esquena. «És molt bonic», li dic somrient

145

i sense dissimular que miro els músculs que acullen els seus tatuatges. «En tinc més», em diu amb la mà a punt d'obrir el botó dels texans. «No cal». I ell somriu.

Quan em pregunta quina estrella em voldria tatuar no sé què contestar, i aleshores agafa un catàleg on només hi ha estrelles. Més de quaranta pàgines amb dibuixos d'estrelles de tota mena. «Ves-ho mirant», em diu mentre va a deixar les seves coses, obre els llums i connecta el fil musical. N'hi ha de totes les mides, de tots els colors, amb moltes punxes, amb poques, fines, gruixudes. Hi ha un apartat d'estrelles del tarot, però hi ha la dona dibuixada i no m'agrada. Ho trobo lleig i gran. Quan torna, em pregunta on me'l voldria fer. Darrere del canell. És un lloc que puc mirar sempre, però que no està a la vista. M'adverteix que és dels llocs on fa més mal, però no hi dono importància. Li mostro el dibuix de l'estrella que he escollit. Menuda, però amb puntes llargues i amples. És petita, no farà mal, penso.

S'ha tornat a posar la samarreta i em torna a semblar atractiu. Els braços també els té tatuats, amb sanefes tribals que sempre he trobat molt sexis. Treu l'agulla i la desinfecta. Em mira i em pregunta si estic preparada. A la primera punxada faig un crit i moc el braç. «No, no, no et pots moure», diu entre enfadat i categòric, alhora que m'agafa el braç amb la mà, amb força. Assenteixo, li demano perdó i el convido a seguir. La segona punxada l'aguanto, però, quan en porta cinc o sis, em comencen a caure llàgrimes. Quantes punxades necessita per fer una estrella minúscula? Ell em demana que no em mogui, i que no parli. Perdona? Que no parli?

De cop el tatuador em sembla que és ell, manant-me, dient-me com m'he de comportar, i aparto el braç sense avisar-lo i l'agulla se li clava al palmell de la mà, que estava subjectant la meva i, en apartar-la bruscament, ha quedat a l'abast de l'agulla. «Però què fas!», crida. Li demano perdó. Està enfadat i m'adono que mira un signe budista que té tatuat al palmell de la mà per calmar-se. És això el que vull? Un dibuix que em recordi com m'he de comportar? Qui soc? Em miro el tatuatge. Sis punts negres. I recordo el tatuatge del turmell de la meva mare. I em poso a riure, boja. El miro i li dono les gràcies. Ell primer no ho entén, però quan em disposo a pagar-li, comprèn que vull marxar i em diu que no he de pagar res. Insisteixo, però ell rebutja els diners que he posat sobre la taula. Me'ls posa al palmell de la mà i me la tanca. El miro i li somric i m'agafa un altre atac de riure dement, exagerat. Ara ell no em somriu, ara ell em veu com una sonada. Em mira la mà on hi ha els puntets que encara sagnen. «No et puc deixar així», afirma. El miro, intensa, i assenteixo. Li faig un petó als llavis i me'n vaig.

33

Quan li vaig dir a la Míriam que em separava em va donar un consell: porta sempre condons a la bossa. En aquell moment em va semblar un disbarat. Condons? Jo? M'acabo de separar, no hi ha cap home decent, no puc semblar atractiva a ningú, estic grassa i un llarg etcètera de complexos fruit d'onze anys de parella monògama. Faig que no amb el cap, li dic que estigui tranquil·la i li asseguro que passarà molt temps abans que m'emboliqui amb algú.

Quan em passa la llengua pel mugró, penso en la Míriam. Li hauria d'haver fet cas. No tinc condons, i ell tampoc. És el primer tio amb qui he parlat a Tinder i m'està llepant els pits a l'habitació d'un hotel per hores. És el Jordi, qui li ha fet «like», no jo. I també ha estat ell qui m'ha recomanat que amb els rotllos d'internet sempre és més segur anar a un hotel. «És un lloc neutral i pots marxar quan vulguis».

És guapo i sembla interessant. El Jordi, expert en aquestes aplicacions, no s'ha aturat ni a llegir la descripció de la persona. De fet, molts ni en tenen. Només veient la foto una mil·lèsima de segon ja decideix si li agrada o no. Tinder és un catàleg obscè de persones desconegudes a qui amb un gest a dreta o esquerra qualifiques d'una manera o d'una altra. Al principi em deprimeix, però hi vaig entrant. Fa companyia que desconeguts et diguin bona nit. És patètic, però ara estic en una situació patètica i necessito solucions igual de patètiques. Pegats emocionals transitoris, que impedeixin que la ferida s'infecti. No la curen, això de seguida ho comprenc. Després que deu desconeguts em diguin coses boniques vaig al llit i, sota els llençols, em continuo sentint sola i miserable.

Hem quedat després d'haver xatejat durant uns dies. Com que ell viu a Tarragona i jo a Barcelona, hi ha hagut un confinament comarcal de dos mesos, i els bars continuen tancats al vespre, no ha estat fàcil trobar-nos. Avui, mentre escrivia al coworking, he rebut un missatge seu. «Vols que ens veiem avui?». «Per què no?», he pensat. I li he dit que vingués al barri, que faria una pausa d'escriure i dinaríem. No ens coneixíem de res, però és curiós la relació que estableixes amb algú quan xateges durant tant de temps. Fotos, missatges de veu, una ànsia i una necessitat inventades, un construir l'altre que ara, que ja soc gat vell a Tinder, evito. No xatejo més de vint frases. Demano de seguida un missatge de veu i, si m'agrada el que sento, proposo una cita. Però aquest és el primer, i he caigut al parany dels xats que s'eternitzen i que l'únic que fan és que la ment inventi l'altra persona. I la invenció, en termes d'amor, només pot acabar malament.

M'envia un missatge quan jo acabo d'arribar a casa per canviar-me. Hi ha l'Alba, que aquesta nit s'ha quedat a dormir perquè va venir a sopar i encara hi ha toc de queda. El Tinder diu que ja és al restaurant. M'afanyo a vestir-me, em pinto, li demano a l'Alba que em doni el vistiplau, i em fa canviar els leggings. Em deixa els que porta ella, que fa com deu talles menys que jo, i hi entro a puntades de peu, però hi entro, i les cames se'm veuen més primes. Em retoca els cabells i em dona la seva aprovació. «Estàs guapíssima». Així que vaig a la cita amb l'autoestima de qui acaba de ser aprovada per una lesbiana exigent. És ell qui ha dit de quedar, és ell qui ha vingut al poble. De moment, tot està bé. Quan arribo al restaurant ell m'espera a fora. És més prim del que semblava a les fotos. I fuma. En ple segle XXI qui fuma? Doncs el Tinder. Un punt menys. Com que està fumant no porta mascareta, i jo, que l'he vist de lluny, me l'he tret mentre caminava. Ens veiem la cara immediatament, cosa estranya en els temps que corren, que tots ens presentem amb la boca i el nas tapats, com si anéssim a atracar un banc en qualsevol moment. M'agrada que la primera vegada que ens veiem sigui així, a cara descoberta. És un bon presagi, és una sensació de normalitat enyorada.

Quan soc davant seu li faig una abraçada ràpida, com si fóssim col·legues. Em surt així. És realment molt prim. Seiem a taula, el Tinder ja s'està prenent una canya. Jo m'he llevat jurant que no beuria mai més perquè ahir l'Alba i jo ens vam passar amb el vi. I avui ho pago amb una ressaca que em fa estar més calmada i lenta que normalment. Ja em va bé, perquè ell és tranquil i parla molt fluixet. Gairebé el primer que em pregunta és si me l'imaginava així, i a mi em surt dir-li que és molt prim. Em diu que ho ha estat sempre, i que ara, a sobre, fa molt esport. Mentre es pren la tercera canya assegura que està fent una vida més sana. Jo ja he begut dues canyes i ara demanem vi blanc.

Una de les coses que tenen aquestes cites és que de seguida es deixen clares les intencions de l'un i de l'altre. Ell m'explica que no està en la seva millor època i jo li confesso que vaig per la vida sense nord. Això, traduït, vol dir que dic que vull X i segurament vull tot el contrari, o actuo per aconseguir tot el contrari, cosa que és encara pitjor. Però aquest m'ha ensenyat les cartes a la primera i per això no és perillós. O això és el que em sembla. Tot i que estem sols a la sala, al restaurant tenen la tele a tot volum. Abans de demanar les postres ja ens anuncien que tancaran. Oficialment els restaurants tanquen a les cinc, però com que no hi ha ningú, a les tres ens conviden a pagar el compte i desfilar. Sortim al carrer. I ara què fem? Ell proposa seguir bevent vi al bar de la cantonada i em sembla bona idea. Amb alcohol tot passarà millor. La promesa que m'he fet a mi mateixa aquest matí de no beure mai més fa hores que és paper mullat. Una altra vegada. Ell em mira amb una mirada profunda, seductora, i forçada. És atractiu, i m'imagino que aquesta mirada li deu funcionar amb les dones. Sobretot amb les més joves. Se li veu que és un home de vida, que li agrada la festa i que és un esperit lliure que deu tenir cada dia una tia diferent al llit.

Abans que ens facin fora de la terrassa on ja ens hem pres tres copes de vi més, em suggereix que anem a casa meva. Jo, que de cop semblo una experta, li faig una contraoferta, anar a un hotel per hores. Al Tinder la proposta li dona morbo, i de seguida busquem un d'aquests hotels al mòbil. Ens excitem només de veure les fotografies de les habitacions.

Al hotel s'hi entra pel pàrquing i ho fem a peu, com uns pobres fracassats. Ens fa gràcia. Hi ha cotxes amagats darrere de cortines. Tot és secret, i no ens demanen cap documentació. Quatre hores, cinquanta euros. No em sembla car. El Tinder no tarda ni un segon a petonejar-me després d'obrir la porta de l'habitació. Em magreja, em treu el vestit i, quan em llepa el mugró amb la llengua, és quan penso en el consell de la Míriam. «No tinc condons», li dic. Ell tampoc. A partir d'avui portaré condons sempre a la butxaca. Però ara no en tenim, i no penso fer-ho a pèl, així que ens magregem, ens morregem. I llavors se m'acut trucar a recepció. Demano si tenen condons i diuen que sí. Salvats. Al cap d'uns minuts truquen a la porta, on hi ha una capsa, com una bústia, que ocupa part de les dues fulles. Sento com s'obre la porteta de la capsa a l'altra banda. I al cap d'uns instants, uns copets a la porta. Jo obro, inexperta, i sorprenc l'empleat, que es ruboritza i assenyala la porteta. No havia d'obrir la porta. Només havia d'obrir la capsa per la banda de l'habitació, no hi ha d'haver cap contacte de cap mena entre el client anònim i l'empleat. Tanco la porta de seguida, avergonyida per l'error, i obro la porteta. Hi ha deixat una quantitat optimista de condons. No crec que ens en faltin.

Feia anys que no tenia un home al costat que fumés. Es fuma tres cigarrets seguits després del primer clau. Té quasi cinquanta anys, però està fort i és dels que poden follar cinc vegades seguides. Ho fem dues vegades més i jo soc incapaç de recordar l'última vegada que vaig fer tres polvos seguits. Somric. I ell em mira i li veig la superioritat a la mirada, l'egolatria. I em fa una mandra horrible. Sortim de l'hotel plegats i de seguida fa per anar cap a una altra direcció de la meva. No interpreta ni una mica, no fingeix. Ha vingut a follar, ha follat i se'n va. No és que jo volgués alguna cosa més, però... «És un Tinder, què vols?», em diu el Jordi quan l'hi explico.

La meva vida nòmada em porta a una necessitat de cites, de nous homes, de conèixer gent interessant. El Tinder em sembla cada vegada més superficial i fred. No m'agrada que la gent només vulgui sexe. O sigui, m'agrada, potser també és el que jo vull, però i la seducció? I les cites? Hi ha gana, hi ha necessitat i pressa i m'atabala una mica. El Jordi em diu que ell també lliga per Instagram i per Twitter. Com collons s'ho fa? «És qüestió de posar-s'hi, com al Tinder», m'aconsella. «I afines més el perfil que vols».

Després de rumiar-hi una mica, veig un comentari a Twitter d'un escriptor que m'encanta. He devorat la seva darrere novel·la, em fa riure, és un tio molt intel·ligent i he mirat algunes entrevistes seves. No tinc ni idea de si està casat o solter o si té parella. De fet, no sé ni si és gai, però quan li faig la captura de pantalla al perfil i li envio al Jordi per WhatsApp, el Jordi m'assegura que no ho és.

Faig un tuit parlant de la seva novel·la, elogiant-la. De seguida em posa m'agrada, i em segueix. I llavors li escric un missatge privat. La conversa és fluida, i, a partir de llavors, xerrem de tant en tant. Quan fa un tuit on parla de Tinder entenc que està solter i ataco més directament. Li explico que estic en un moment que tinc ganes de conèixer gent interessant. Dic les coses a raig i això crec que és el que em fa tan atractiva a ulls dels homes: aquest no tenir filtre, aquesta vulnerabilitat, aquesta fragilitat que no havia mostrat mai abans. Perquè si jo vull un cavaller que em rescati, els homes volen una princesa per rescatar.

34

El despatx és ple de joguines de fusta i de mòduls de psicomotricitat. Nosaltres, asseguts en dues cadires infantils al voltant d'una taula infantil rodona. Els genolls em queden molt per sobre de la cintura i he de tancar bé les cames perquè no se'm vegin les calces sota la faldilla. La psicòloga infantil seu a l'altra banda de la taula, també en una cadira infantil. Ens explica les sessions que farem i, quan està detallant la que hauria de ser la vuitena trobada, on ja entrarien els nens, primer un i després l'altre, la tallo bruscament. Només volem que ens aconselli com dir als nostres fills de tres i cinc anys que ens separem. I que ens expliqui com els afectarà, com ho hem de fer. Només necessitem una guia, una mica d'orientació. «Ah», diu decebuda. Aquesta no ens robarà com la mediadora ni com la terapeuta de parella. A aquesta li pagarem els noranta euros de la primera sessió i bon vent i barca nova.

Hem quedat a la porta de la consulta, dos minuts abans de l'hora. No fos cas que parléssim sense ningú al davant. Ha intentat fer-me dos petons i m'he apartat. «No, no ens farem dos petons, tu i jo», li dic. I fa que no amb el cap, com deixant-me córrer, com aliè, com alliberat que ja no sigui la seva parella. La sensació que sempre em va veure com algú a qui havia de disculpar. Que si crides massa, que si et fa pudor l'alè, que si tens bigoti, que si no escoltes, que si talles la gent... En un moment de lucidesa em ve una incomprensió brutal. Com he pogut estar tants anys amb algú que em menystenia? O és ara, que invento aquest menyspreu? És un mecanisme de defensa? Estic dibuixant el passat amb ella a conveniència perquè no faci tan mal separar-me'n? Fa setmanes que no tinc certeses, que tot és efímer, inconsistent, canviant, volàtil. Jo, la dona segura, la dona ferma, sento que la vida se m'esmuny entre els dits, que rellisca, llefiscosa i etèria.

«El millor per als nens és que no us separeu», sentencia la psicòloga infantil, i es queda tan ampla. I jo torno a plorar. Per què sempre soc jo qui ploro? Per què no plora ell, per variar? Per què jo soc tan dèbil i ell tan fort? No ens separem. Fem-ho per ells. Aguantem. Com tantes parelles. Continuem pels nens. I m'adono del dolor que em provoquen aquests sentiments. Ja tenim el conveni signat, ja no hi ha marxa enrere. Ell marxarà del pis d'aquí unes setmanes. S'ha acabat. I ara som aquí perquè una desconeguda ens digui com li hem d'explicar als nens que el papa i la mama han decidit viure separats.

He buscat a totes les llibreries de la ciutat contes que parlen de la separació. Tots depriments, tots amb nens o nenes protagonistes que estan tristos. Escriuré un conte infantil on el nen estigui alliberat perquè per fi els pares se separen, on separar-se sigui l'hòstia, on es foti una puntada de peu definitiva a la família tradicional i als models heretats, on l'important sigui la felicitat de la persona. Els protagonistes seran els meus fills, feliços, contents, menjant caramels i xupa-xups i pa amb Nutella.

Li demano a l'experta que em recomani contes que funcionin, que ens puguin ajudar, i diu que en buscarà. «Però no es dedica a això, vostè? No té una llista feta?». Ell em fa una mirada recriminadora, una altra vegada, i ella no diu res. Però per com em mira sé que no enviarà mai aquesta llista perquè només farem una sessió i li fa ràbia.

Fa la sessió amb desgana, ens dona unes fotocòpies mal fetes amb unes vinyetes que expliquen com se senten els nens durant un divorci. Unes figures mal dibuixades i gairebé esborrades de tantes fotocòpies fetes, de tantes parelles separades, de tantes criatures destrossades. La dona ens diu clarament que els nens ho portaran malament, que serà un trauma, que els estem fent una putada monumental, que els estem gravant el primer esdeveniment que marcarà les seves vides per sempre. I després somriu i diu: «Però si no ho podeu evitar...». Filla de puta.

Hi ha un silenci. No, no ho evitarem. Llavors ella ens dona un document tret d'internet on s'explica què s'ha de fer en una separació amb nens. A dalt, al centre, una fotografia d'un nen que està assegut a l'ampit d'una finestra, agafant-se els genolls amb les mans i mirant amb una mirada perduda a l'exterior. El vidre, tacat de gotes d'aigua, a fora plou. No sé què pretén aquesta dona, de veritat. El seu objectiu és que em talli les venes? És això el que vol? Que em suïcidi al mig de la consulta? Perquè està molt a prop d'aconseguir-ho. Em costarà treure'm la imatge del nen deprimit del cap.

Repassem junts els punts del document, tret directament d'un blog de mares motivades. Tot molt seriós. El títol és desolador: *Ens separem. Què fem amb els nens?* Com si fossin els mobles que s'han de repartir, com si fossin una nosa, un llast, les restes d'un matrimoni acabat. El primer punt torna a ser depriment i feridor: «Quan és el millor moment? La resposta és: mai». Però d'on treu aquesta dona tota aquesta documentació? És del fòrum de la família? Tot el document segueix més o menys en aquesta línia. Frases com «de vegades ens haurem de menjar l'orgull per la felicitat dels nostres fills», «la ràbia i la ira no haurien de prevaler sobre la generositat de la (m)paternitat». Em poso tan nerviosa que dic que prefereixo que no ho llegim junts. Ella em mira amb mala cara, però assenteix. I ell, com sempre, rebufa, fart de mi, de les meves decisions, de la meva essència.

Sortim de la consulta i de seguida ell fa per marxar gairebé sense dir adeu, però aquesta vegada el retinc. «Quan els hi vols dir?». Una altra vegada el poso per davant meu. Per què pretenc que sigui ell qui decideixi? Que sigui ell qui mani? És per treure'm responsabilitats? És per fer-lo content? Ell, orgullós de sentir-se superior, de veure'm feble, submisa i desconcertada, diu que ho podem fer aquesta mateixa tarda. Em sembla precipitat, però algun dia ho haurem de fer. Ell, metòdic, proposa escriure-ho. Em sembla bé. Per què tot el que diu ell em sembla bé? El continuo admirant? Continuo enamorada?

Li proposo d'anar a prendre alguna cosa i preparar-ho, però diu que ho farem per WhatsApp, i que ens veurem a les sis a casa. Avui li toca a ell anar a buscar els nens. Pactem que estarem un parell d'hores tots quatre junts, jugant i, com qui no vol la cosa, els explicarem la situació. No podem seguir fent veure que la mama és a Madrid, ni que el papa té molta feina. Ara, els hem d'explicar la veritat. Però com podem comunicar-los res bé si no ens comuniquem entre nosaltres?

Me'n vaig a dinar amb la Míriam i m'explica com ho va fer ella. Ella i l'ex tenen una relació envejable, i sembla que així tot és més senzill. Però segurament ella ho veu exactament de la manera contrària. Els seus fills són més grans i m'explica que el de deu anys el primer que va dir és: «Jo no em penso canviar de casa». O sigui que sí, podria ser pitjor. Els meus fills no entendran res. Ho aniran vivint conforme vagin veient què passa, conforme s'hagin de moure de casa, vegin que els pares ja no estan mai junts i totes les noves situacions que vindran en un futur, que ni soc capaç de predir ni em vull imaginar.

De tant en tant em ve la imatge d'una dona posant a dormir els meus fills i fent-los dos petons i em venen ganes de matar-lo per evitar-ho, perquè no vull que tinguin una altra mare, perquè substituir-me és la putada més gran que em podria fer. Però sé que passarà, perquè tot i que ara el veig, tot i que sé que és un indesitjable, la nova no ho veurà, la nova tindrà un tel, la nova hi caurà de quatre potes. I farà de mare dels meus fills. I, potser llavors, el mataré.

Quan arriben, jo ja soc a casa. Els nens se'm llancen a sobre, feliços de veure'm. Els abraço, sabent que aquesta tarda els fotrem la vida enlaire per sempre. Es treuen les sabates, es renten les mans i van al menjador. Ell proposa que juguem a cartes tots quatre. Els nens, encantats. Quants mesos fa que no ens veien junts? Que no jugàvem plegats? Juguem al joc de cartes de pirates que tant li agrada a l'Oriol. El petit no s'adona de res però va robant monedes i riu, i em diu que es comprarà molts ninos. I riem. Els nens i jo. Ell força un somriure però es nota que està incòmode. Durant la tarda m'ha anat enviant whatsapps i hem anat construint el discurs: «El papa i la mama viuran separats, però s'estimen molt, seran amics i sempre que vulgueu els podreu trucar». Com a darrer retoc, he proposat canviar «trucar» per «veure», però ell s'hi ha negat. És obvi que quan els tingui no deixarà que els vegi i aquesta és la seva manera de deixar-m'ho clar. Sense dir-ho, sibil·lí.

Després de tres partides en què l'Oriol ha fet trampes i ha guanyat, ara fem puzles. El de l'indi, el dels gatets, el del drac. Volem retardar el moment i no parem de treure puzles que feia mesos que teníem amagats a l'armari. El de l'espai, el de les tres bessones, el del cavaller, fins que m'adono que el petit badalla i el miro a ell. No podem posposar-ho més.

Començo parlant jo. «El papa i la mama us volem dir una cosa». Ens miren. «Heu vist que últimament estem vivint separats, perquè la mama tenia feina i el papa també i... Hem decidit que a partir d'ara viurem separats». Silenci. Ell recita la frase pactada: «Els pares viuran separats, però s'estimen molt, seran amics i sempre que vulgueu els podreu trucar». Silenci. Els nens no diuen res. L'Oriol es mou inquiet. «Que tens pipi?», li pregunto. Fa que no amb el cap. «Ho heu entès?», se m'acut dir, i ell em mira amb mirada assassina. L'Oriol assenteix, el petit m'ensenya les monedes del joc de pirates. Silenci. No diem res del canvi de casa, la psicòloga ens ha dit que fins al dia abans no els ho expliquem, que fer-ho abans només els provocarà una angoixa innecessària.

Queden tres puzles per fer. L'Oriol tria el que farem a continuació: un puzle d'una foto on sortim tots quatre, feliços. Jo m'aguanto les ganes de plorar. I ajudo a compondre una imatge que no es repetirà mai més. Deixem tots els puzles estesos sobre la catifa: l'indi, els gatets, el drac, el cavaller, les tres bessones i la foto reconstruïda de la nostra família trencada. En queden dos. «Els acabem tots»? L'Oriol fa que no i fuig esperitat cap al lavabo. Vaig darrere d'ell. Se li ha escapat el pipi. Li trec la roba i li preparo una banyera. El Josep ve corrent i també el despullo. Els poso molt sabó, per fer escuma i jugar a fer-se bigotis. Faig bombolles i ells juguen a petar-les. Riuen. «Ara marxaràs, mama?», pregunta l'Oriol. Assenteixo. «La mama ha de treballar», dic, destruint tota la feina que acabem de fer. Soc incapaç de reconèixer que la meva fugida és voluntària, que me'n vaig perquè em separo del seu pare. Poso l'excusa de la feina. Ell entra al bany i em mira. M'ha sentit i, per un moment, sembla que m'ha entès, que comparteix el meu dolor. Decideixo marxar quan són a la banyera. Els dic adeu i els faig un petó, que els trucaré demà. «Vas a Madrid?». No, fill, a Barcelona. «On?». I no sé què dir. I no dic res, els faig un altre petó i em pinten un bigoti d'escuma.

Surto del lavabo i vaig al menjador. Ell està mirant el mòbil. «Me'n vaig». «Ha anat bé», diu. «No s'adonen de res», confirmo. Quan hi hagi el canvi de casa serà diferent, llavors sabran què és patir una separació, llavors els enfonsarem la vida per sempre. M'acompanya a la porta i, per primera vegada en totes aquestes setmanes, m'abraça. I ploro immediatament, i ell ho fa al cap d'uns segons. «Papaaaaa, l'Oriol està tirant aigua...». I desfem l'abraçada. «Parlem», diem per acomiadar-nos. I agafo l'ascensor, sec a terra i m'abraço els genolls amb les mans, com el nen que mirava des de l'ampit de la finestra el dia plujós. I ploro. Una altra vegada, però almenys, ara, sembla que no soc l'única.

35

Què és el que fa que ens enamorem? Què fa que ens passi o no ens passi? La necessitat? La literatura que hi posem o hi deixem de posar? Les ganes? El cas és que ens vam veure divendres, i diumenge ja tornem a estar junts. I temo o anhelo que serà el meu acompanyant, com a mínim, les properes setmanes. M'envia missatges, la majoria de vegades irrellevants, però hi és i no sé ni em vull preguntar en quins termes.

Es diu Jofre, i quan em diu que està a gust amb mi de seguida li dic que m'acabo de separar, posant un mur de contenció construït de pors, abismes i terrors nocturns. Em costa deixar-me anar, llançar-me al buit, però li dic que ens estem coneixent, que ja ho veurem. No hem de decidir res, ara. A veure com va. Ho dic amb un *flow* i un *laissez faire* que no tinc, però que m'imposo, perquè estic farta de ser la que ho vol controlar tot. Si t'enamores d'ell o ell de tu, passarà malgrat el teu control, malgrat el teu desig, em dic. Deixar fluir. Com em costa.

Em llegeixo tots els seus llibres i, a cada relat, a cada novel·la, el trobo més interessant. Escolto els seus comentaris a la ràdio, on fa de tertulià sovint, i m'agrada el que diu. Ja fa dies que hem passat al WhatsApp. Soc sempre jo qui inicio la conversa: li pregunto què tal el dia, li dic que ha estat bé el que ha dit a la ràdio o qualsevol comentari que alimenta el seu ego i que fa que s'apropi a mi, que em vulgui al seu costat.

Un dia, farta de tants flirtejos virtuals i amb ganes de descobrir si l'home que conec a través de la seva literatura i per xats on bàsicament qui parla soc jo és tan interessant com sembla, li dic que això de xatejar eternament no té gaire sentit. Reacciona de seguida i proposa que dinem, i intueixo que aquest dinar es concretarà tan poc com el cafè que vam dir de fer fa unes setmanes.

L'endemà estreno pel·lícula en un festival de Barcelona. Com que continuo amb la meva vida nòmada, em posen un hotel al centre, al costat de la seu del Festival. Just aquell matí rebo un missatge seu: «Potser és precipitat, però avui puc quedar per dinar». Jo no el veig fins passades unes quantes hores, però encara hi ha temps per dinar plegats. En una sèrie de missatges de WhatsApp es produeix un malentès sobre l'hotel, de manera que a ell li sembla que li dic que dinem a prop de l'hotel per anar-hi després i a mi em sembla que ell fa exactament el mateix. Acostumada als xats de Tinder, no em sembla estrany que sigui tan directe. Després descobrirem que és un malentès, que cap dels dos volia dir això, però que l'equívoc del whats ens ha portat a estar estirats al llit de dos metres que tinc a l'habitació de l'hotel, nus un sobre l'altre.

Em fa riure, i m'agrada com em mira. Ens abracem, i marxa a mitja tarda. Faig les entrevistes de promoció que em toquen i sopo amb l'equip de la pel·lícula. Somric quan rebo un whats seu. No és cap missatge romàntic, simplement em diu que està mirant una pel·li. Em fa gràcia, xategem més d'una hora, seguim coneixent-nos. A la nit, sola en aquell llit enorme el penso. M'ha agradat. Però no em vull plantejar gaire cosa més. I temo que la vida m'hagi posat un futur nòvio quan jo el que volia era fornicar sense fre i sense mesura. O això és el que fa setmanes que m'imposo a mi mateixa, temorosa de la meva tendència enamoradissa.

Un cop més, intento deixar el control a banda. I miro d'adormir-me lluitant per no muntar-me un conte de fades amb un home amb qui he passat només cinc hores de la meva vida. Jo no crec que els homes sigui tan burros, no crec que inventin ni projectin com ho faig jo. Ell segur que només sortir per la porta ja ha pensat en una altra cosa. Però llavors rebo un altre whatsapp. Un dels bonics, un d'aquells que fan intuir que la cosa no quedarà aquí. I així és. Després de la nit d'estrena faig el check out de l'hotel i vaig al pis de Provença. Tinc la sensació de viure en un parèntesi etern, en una corda fluixa, en un temps aturat. Ser nòmada m'impedeix centrar-me, avançar en la feina i en la meva vida i no puc evitar sentir-me com un gall a qui acaben de decapitar, corrent amunt i avall sense ulls, deixant rastres de sang per tot arreu, però feliç. Sento que visc en una primavera eterna, en una llibertat que encomana i que atrau.

Un altre cop soc dins d'un taxi, amb el portaequipatges ple de maletes. Abans d'arribar al pis, rebo un missatge del Jofre. Està lliure per dinar, i potser jo... Somric. Potser jo també. Quina ràbia haver-me tornat tan bleda. I torno a somriure. No faig esperar la resposta, tinc dos fills i quaranta-un anys i no penso entrar en jocs de quan s'ha de contestar el missatge per resultar interessant. Vol dinar? Jo també. Punt.

El Jofre m'espera assegut en una bici aparcada del Bicing, i recolzant els peus sobre el manillar. Porta mascareta, jo també. Ens somriem amb els ulls. La mascareta facilita aquell moment incòmode de la segona cita: ens fem un petó o dos? Portem mascareta, no hi ha petons ni dilema. I ens fem una abraçada llarga. Ell no sap on podem anar, no ha reservat res, es deixa portar. Potser aquest tarannà parsimoniós m'acabarà posant nerviosa algun dia. Ara, en canvi, és una de les coses que m'agrada d'ell. La seva calma, la seva pau, i el seu somriure. Sempre somriu. I això és precisament el que necessito ara. Somriures constants. Anem a un dels meus restaurants preferits, un japonès de Montjuïc des d'on es veu tota la ciutat. Makis, sashimi i vi blanc. Què més es pot demanar? El Jofre parla fins i tot més que jo, i m'agrada. No puc evitar pensar en ell i en els seus silencis eterns. Fa quatre dies estava enfonsada, convençuda que m'havia carregat la meva família i ara tinc Barcelona als peus i, al meu costat, un home guapo, intel·ligent i que em fa riure. La vida, de vegades, no està tan malament. I sento que la primavera que m'habita es fa més intensa, i brolla, i floreix.

36

Mentre camino cap al pàrquing poso una cançó al mòbil que escoltava quan tenia vint anys. No sé per què és precisament ara que la poso, suposo que després de dues hores bloquejant-me qualsevol sentiment, ara necessito sentir i aquesta cançó sempre m'ha arribat directament a l'ànima. Em ve la imatge del Tinder tocant-me els pits a l'hotel per hores, els missatges que ens vam enviar ahir de matinada amb el Jofre, quan, farta de dies de respostes educades i profilàctiques, del seu respondre i no parlar, li vaig preguntar per WhatsApp si tenia ganes de veure'm, forçant que definís una mica què és el que sent per mi.

Ell em va contestar amb un seguit de missatges que van derivar en una cita per a avui, just el dia que ell ve a recollir les coses. I mentre baixo per la rampa caminant, m'envia un missatge en què em pregunta si m'agrada el menjar mexicà. Li dic que sí sense saber ben bé què faig quedant amb el Jofre el dia que ell buidarà la casa per sempre. Però ho faig. Perquè fa setmanes que les meves decisions no tenen cap sentit i començo a assumir que no és que no pugui controlar-ho tot, és, senzillament, que no puc controlar res.

Escolto la cançó mentre baixo per les escales del pàrquing. Endinsant-me a les profunditats del pàrquing com m'endinso a la meva part més fosca i profunda. Rebo un missatge d'un noi de trenta anys amb qui em vaig embolicar fa dues setmanes: «Quan repetim?». I em trenco. Em parteixo pel mig, se m'obre la ferida de cop, un estrip gran i concís, vital, que deixa al descobert el buit que he estat tapant amb la parella virtual en què he convertit el Jofre, amb el sexe fred del Tinder u, amb el sexe del Tinder de trenta anys, del Tinder tres, quatre, cinc, sis...

He de deixar de tapar el que sento, però com es passa per això sense anestèsia? Sense els missatges de bona nit del Jofre? Sense el sexe gimnàstic del Tinder de trenta? Sense les nits passant perfils de Tinder lliscant el dit per la pantalla del mòbil, com qui mira un catàleg d'una plataforma de televisió? Potser aquesta és una manera de transitar-ho, em convenço. En el fons estic fent el que fa la majoria de gent quan se separa: tornar-se boja, viure intensament.

La psicòloga que em va assessorar per a la pel·lícula de violència de gènere que vaig estrenar al festival, quan va saber que m'havia separat, em va enviar un missatge de veu. Hi penso i el torno a escoltar quan soc dins el cotxe: «Bonica, això que et passa és part del procés. T'has d'acomiadar de moltes coses, no només de la parella. T'has d'acomiadar del projecte que tenies de família. Hi ha d'haver un comiat de les expectatives que has generat durant tots aquests anys, les conscients i les inconscients. I ara et trobes amb el full en blanc i t'has de redibuixar, de redefinir. Ara el que et toca és viure intensament aquestes emocions, d'eufòria quan toquen, de dolor quan cal... I és normal que estiguis trista, preciosa. La tristesa és l'emoció del comiat».

L'escoltaria en bucle. Que important que és per a mi que em diguin que el que em passa és normal. Que no estic boja, que no soc pitjor que la resta del món. Quantes tares, penso, quantes ferides, quin buit més profund. Però l'he de transitar. Així que, després de tornar a escoltar el missatge, m'assereno. Entro al cotxe i vaig pujant a poc a poc a la superfície. Quan surto del pàrquing, una mica més i atropello l'Alba, que viu al costat de casa. Aturo el cotxe i ella em veu i em somriu. Només veure'm sap que he plorat. Surto del cotxe i m'abraça. «T'estimo tant», li dic. I ella també m'ho diu. Més de vint anys d'amistat. Això també ho passarem juntes. Estic agraïda pels amics que he trobat, que m'he treballat, que he escollit. I la ferida es tanca una mica, per una estona. Tornarà a supurar, tornarà a ser insuportable, però ara sento que no hi he de posar sal. Que n'he de tenir cura. I somric, i abraço tot el que m'està passant, perquè és la meva vida, és el que tinc ara. I sento que l'únic que puc fer és viure-ho i no jutjar-ho. I cridar a l'univers que tot anirà bé, perquè em respongui amb el seu sí amb majúscules i lletres de neó.

37

Deixo el cotxe davant de casa perquè el tingui preparat per carregar les coses. Avui serà el meu últim dia nòmada, i això em fa sentir bé, em fa sentir tranquil·la per primera vegada en molts mesos. Quan entro al portal ja hi ha un munt de caixes apilades, preparades per abandonar la meva vida per sempre. A ell no el veig. Deu ser a dalt. Pujo, i quan entro al pis de seguida m'adono que ha tret totes les seves coses. La seva part de l'armari, buida, la seva tauleta de nit, les lleixes amb els seus llibres a la llibreria. Recordo que quan vam anar a viure junts la meva gran obsessió era que no barregéssim les nostres biblioteques. Barrejar els llibres significa més que casar-se, més que tenir fills. I no ho vam fer. I ara segurament ell se n'ha alegrat, ho ha tingut fàcil per fer les caixes, no li ha calgut destriar. El busco per les habitacions, al menjador, a la cuina. No hi és.

Com un acte reflex, sense pensar, poso llibres meus a les seves lleixes, i poso llibres també a la seva tauleta de nit. És llavors que m'adono que s'ha emportat el seu coixí. Tinc un llit de matrimoni amb un sol coixí. No hi ha imatge més depriment al món. Quan estic traient la roba d'estiu del canapè que tenim sota el llit per omplir el buit que ha deixat al seu armari truquen a l'intèrfon. No espero cap paquet, però contesto. És ell, que truca com si fos un repartidor d'Amazon, com un desconegut. Li obro i estic temptada de dir-li que ha de prémer el cinc en lloc del quatre a l'ascensor, com si no conegués el pis, com si no hi hagués viscut mai, com si no hagués concebut els seus fills allà, com si no hi hagués tingut totes les coses aquí fins avui. Entra i em fa dos petons. No ho suporto, no m'hi acostumo. Preferiria que em saludés amb un xoc de colzes, la salutació de moda de la pandèmia, que em nego a fer perquè em sembla d'una tristor infinita. Però a ell em faria menys pena saludar-lo així. No ens diem res. Va cap al menjador i comencem a recollir i triar joguines. Ho fem gairebé sense parlar i aquest silenci em destrossa. Per això vaig a l'habitació dels nens i començo a triar la roba. El que ha comprat la meva mare m'ho quedo jo, gairebé tota la resta l'hi deixo a ell. Tinc una urgència infinita de desfer-me de tot. De la roba dels nens, dels mobles, del llit, de les fotos, de tot el que em recordi un passat amb ell, de tot el que em recordi que existeix. Deixo la roba sobre el llit de l'Oriol, en una part la que es queda al meu pis, a l'altra la que anirà al seu. La muntanya de roba de la seva part és exageradament més gran. I ja em va bé. Ho llençaria tot per començar de nou.

Torno al menjador. Els nens i jo vam fer una tria de joguines per a la casa nova però a ell la tria no li acaba de semblar bé. Canvia algunes coses i em pregunta si en pot agafar unes altres. Li dic que a sí a tot, menys quan s'apropa a la lleixa dels àlbums de fotos i em pregunta si els pot agafar. Tinc ganes de plorar però em controlo. Embaràs Oriol, Embaràs Josep, Croàcia 2012, Nova York 2013. No puc triar. No puc decidir ara qui es quedarà els àlbums. Em proposa escanejar-los i imprimir-los. Li dic que ara no puc decidir, que, com diu el Jose Mari, ara no ho tinc clar. Ho accepta. I ho deixem per a més endavant, com les capses de records dels nens, on guardem la primera muda que van portar, fotografies, la pinça que aguantava el melic i ara també la foto del part de l'Oriol, que ja no presideix la nostra habitació, que ja no és nostra sinó meva. Al calaix de la meva tauleta de nit, les fotografies de tots dos que teníem a l'habitació. Li pregunto què en vol fer. Les agafa i diu que les posarem a la capsa de records dels nens. Ho fa. Des d'ara som passat. Acabem de convertir-nos en un objecte més d'una capsa de records.

Després de dues hores no puc més d'estar a casa amb ell sense parlar i li dic que començaré a carregar el cotxe. Em mira, estranyat que el vulgui ajudar. Surto de casa sense dir-li res, i entro al cotxe amb més ganes de plorar que mai. I just rebo un missatge. El Jofre, que em dona l'adreça del mexicà on ha reservat. Què estic fent? Per què estic quedant amb un home que no fa ni dos dies que conec per parlar de «nosaltres» quan el meu ex no ha ni marxat de casa, encara? Quan no he dormit ni una nit sola al meu pis?

Quan arribo davant de casa, ell ja ha baixat totes les maletes amb la roba i les capses amb les joguines. L'ajudo a carregar el cotxe, i m'ho agraeix però em diu que prefereix col·locar-ho ell. Sempre aquesta falta de confiança en mi. No em veu capaç ni de posar paquets al portaequipatges? Es veu que no. Quan tanca la porta li pregunto si vol prendre alguna cosa. No, ho sento, no em ve de gust, però necessito que parlem, que ens abracem, que ens acomiadem d'onze anys de convivència, de família, de projecte de vida. Però ell diu que està molt enfeinat i que marxa. Em fa dos petons i se'n va sense mirar enrere. Ni tan sols ens hem acomiadat junts del nostre projecte de futur, del nostre pis, de la nostra família. I la falta de comiat, la falta de conversa, la sensació d'abandonament són profundes i punxants.

38

Abans de sortir per dinar amb el Jofre busco un coixí que recordo que tenia guardat en una capsa, al darrer prestatge de dalt de l'armari. Hi poso una funda. Almenys ara el llit té dos coixins. Dos coixins, dues tauletes, dos llums, dues lleixes per als llibres. La parella. No sé si en voldré mai més i aquest pensament em sembla contradictori. Què faig quedant amb el Jofre si no vull parella? Què faig tot el dia a Tinder si no vull parella? Si no volgués parella passaria per això sola, sense pegats, sense cites, sense homes. No sé què vull. I intento sentir-me còmoda amb aquest sentiment de buit i desconcert que fa mesos que transito.

Amb el Jofre parlem precisament de la parella, de l'amor, del sentit de tot plegat. Ell em diu que no s'ha enamorat de mi, però que li encanto. Jo sento «enamorar» i no sé ni què vol dir. Riem, bevem i anem a passejar, perquè són gairebé les cinc i els bars continuen tancats. Fem un passeig llarg pel barri, me'l miro. És guapo. M'agraden la seva mitja barba, el seu somriure, els seus llavis. I els seus ulls, color mel, intensos. Fa quatre dies que ens coneixem i ja estem parlant de què sentim l'un per l'altre i en un moment donat m'agafa un atac de riure. Em mira, estranyat, i somriu. «Ell acaba de buidar totes les coses, Jofre. No sé ni on soc». M'abraça i em fa un petó al coll. Però no anem més enllà. Som sincers. Li dic que he tingut algun rotllo, que no sé què estic fent exactament amb la meva vida sentimental i sexual, però que això és just el que necessito. Perdre'm i viure amb intensitat aquesta etapa de desconcert, fer el que sento a cada moment, sense jutjar-me, sense pensar en el perquè. M'agrada parlar amb ell cada dia per missatge, m'agrada estar amb ell i vull dormir abraçada a ell. Confesso que no vull passar per això sola i sospito que no hi ha cosa menys sexi que se li pugui dir a un home. Però ell ho accepta, perquè m'entén. Sap en quin moment estic. Així que continuem passejant, seiem en un banc. Ell confessa que no té res clar pel que fa a mi, jo confesso que tampoc pel que fa a ell. I ens fem un petó llarg i bonic. Ja són més de les sis i tant ell com jo hem d'anar a casa amb els nostres fills. Està tot bé. Tinc Tinders amb qui calmar les ganes de sexe salvatge i un home a qui li encanto que em fa l'amor i m'envia missatges de bona nit. No està malament del tot.

5. MAIG

No deixis mai de besar així

39

Quan anava en cotxe sabia que no era una bona idea, però m'entesto a fer tot el que hauria de fer, ser la dona perfecta, la mare ideal, no deixar de fer res per por, ni per angoixa ni per mandra. I ara estic paralitzada a la secció infantil de l'Ikea, sense bossa, ni carro. Jo, nua enmig de dinosaures, lliteres, rotllos de paper, pintures i quadres estàndards sense cap gràcia. Només necessito una taula. No hauria de ser una tasca difícil. Ell s'ha emportat la dels nens i no vull que quan tornin es trobin que no tenen la taula i les cadires per fer pícnic. A casa nostra, fer pícnic és veure la tele sopant a la taula petita. Però els cal una taula petita per fer pícnic. I ara no la tenen. L'he buscat per internet i tinc clar quin model vull, però no l'he anotat i ara no el trobo ni entre les notes del telèfon, ni en cap paper arrugat a la butxaca. Estic quieta, enmig de la secció infantil, hi veig borrós i no puc moure'm. Sec sobre una taula infantil, no és aquesta, no és la que vull, però necessito que em sostingui perquè sento que cauré rodona a terra, que hauré de trucar al meu pare perquè em vingui a buscar. No suporto la idea d'haver arribat fins aquí i marxar amb les mans buides. És això el que em genera angoixa. No suportaria que els nens arribessin a casa nostra i no tinguessin la seva taula. No és casa nostra. O sí, però meva i dels nens. No nostra d'ell i meva i dels nens i nostra dels nens i meva, no d'ell... Em marejo més, respiro fondo.

És la primera vegada a la meva vida que vaig a l'Ikea sola. La imatge més clara del fracàs, la més nítida. Parelles, famílies que passegen triant els mobles perfectes per a la vida perfecta. Ho hauria d'haver previst. Hauria d'haver assumit que no hi ha cosa més trista al món i que no he de ser cap mare coratge, que precisament ara que no tinc un home que em protegeixi, he de protegir-me jo. Continuo immòbil asseguda sobre la taula. No sé què fer. Vull la taula, però no aquesta. No trobo la meva, la nostra, la d'ells i meva. I no me'n vull anar. No me'n puc anar. No els puc fer això, als meus fills. No els puc fallar.

Un dels nois de l'Ikea em mira, s'apropa. Ho ha notat. Sap que estic perduda, que estic sola, que no sé què fer i em socorrerà. Se m'acosta i em diu que no puc estar asseguda sobre la taula. Que és antihigiènic, que la puc trencar i que he de circular. Que ara, més que mai, amb la Covid, s'ha de circular i mantenir distàncies. El miro amb una mirada desemparada. Li és igual que no estigui bé. Penso en tots els clients i clientes que, acabats de separar, han de muntar un pis tan barat com poden i a correcuita. Deu estar avesat a la urgència, a la necessitat, al dol, a la tragèdia. Per això no l'impressionen el meu posat de desconcert, la meva mirada necessitada d'afecte. No em moc. I ell repeteix que he de circular. I, no sé com, poso un peu davant de l'altre, i avanço. I així és com em sentiré la resta de la meva vida. Que avanço per no destorbar, per no crear un tap, que circulo, que simplement circulo per no obstruir el pas de ningú.

Més endavant veig un monitor d'ordinador per als clients, m'hi poso i busco «taula infantil». Per sort no hi ha gaires models. Seria incapaç de navegar per diferents opcions. De seguida veig la que havia escollit. Aviso una noia, que sembla una mica més amable que el noi i li demano on la puc trobar. M'ho indica, m'apunto la referència de passadís i secció al mòbil i li suplico que em digui com puc anar a la sortida sense passar per cuines, banys, sales i armaris de futures parelles perfectes, de futures famílies idíl·liques. Hi ha una drecera, m'explica, i l'agafo. Tant de bo la vida fos tan senzilla, tant de bo pogués agafar una drecera que em pogués estalviar tota la merda que em queda per viure, el dol, la solitud, la bogeria, la pena profunda, el desconsol.

La taula no pesa gaire i hi afegeixo dues cadires que hi ha al mateix passadís. Es diuen com la taula, així que entenc que van de conjunt, tot i que no les he vist. Col·loco els paquets en un carro, i confirmo que fer això sola és desolador, que ser aquí sola és humiliant. I sento que aquesta serà la primera vegada de moltes primeres vegades sola. La primera vegada que vaig a casa sola, la primera vegada que els nens es posen malalts i estic sola, la primera vegada que dormo sola a casa, la primera vegada que dormo a casa sense ells, la primera vegada que me'n vaig de cap de setmana sola amb els nens, la primera vegada que estic malalta sola, la primera vegada de totes les coses terribles que queden per venir. Com el primer cap de setmana que estic sola a casa sense ells.

40

M'aixeco amb una angoixa que feia mesos que no sentia. Estic nerviosa i els nens ho noten i es porten pitjor que mai. El meu pare entra amb les seves claus com fa cada matí des que ell no hi és i quan jo tinc els nens. Encara em costa dir «des que estic separada». Em costa menys dir que ell no hi és, tot i que signifiqui el mateix, però el no ser-hi pot ser provisional i estar separada em sembla més definitiu. Quan el meu pare entra, els nens, encara amb pijama, es llancen sobre d'ell. «Et mato, et mato», criden. Per què són tan nens els meus nens? Per què només volen ser pirates, cavallers o ninges? Per què juguen a matar? Com ho faré quan siguin adolescents?
El meu pare em recorda que és molt tard. «Per què no estan vestits»? I l'abraço, superada, i ploro i crido als nens, perdent els papers i tota la credibilitat com a mare perfecta.
Avui els nens dormiran a casa del seu pare per primera vegada, i estic convençuda que serà horrorós, que ho passaran fatal, que la casa serà petita i humida i fosca, que no els agradarà. Que se sentiran abandonats. Que, si fins ara han estat bé, és perquè han estat a la que era casa seva des que van néixer. Avui comença l'infern, n'estic convençuda. L'Oriol no es vol posar les sabates i li faig un crit que senten des del carrer. El meu pare em demana que em calmi però tampoc agafa les regnes, així que he de ser jo qui els vesteixi i els posi les vam-

bes a la força, entre puntades de peu d'ells i crits i plors. Un infern que tot just comença avui.

El meu pare porta l'Oriol amb cotxe a l'escola i jo porto el Josep a la llar d'infants amb el cotxet. Mentre l'empenyo imagino el pis que s'ha comprat ell. Imagino un pis amb forats a les parets, amb taques d'humitat, amb el llit del vell que va morir-hi fa uns mesos amb un capçal de fusta plena de tèrmits i veïns psicòpates que assassinaran els meus fills.

Durant el dia no faig gaire res. Intento llegir, però no em concentro. Tampoc puc escriure. A la tarda l'Oriol fa piscina i ell hi anirà amb el Josep, jo els passaré a buscar quan acabin, i anirem tots junts cap al pis nou. Tinc ganes de vomitar.

Quan estic a punt d'arribar a la piscina, em truca l'Alba, que ha tornat de Madrid i no té claus de casa. Des que soc nòmada porto totes les claus a la butxaca de l'abric: les de casa, les del cotxe, les de l'Empordà, les de casa l'Alba, les de casa els meus pares, les de casa el Jordi i les de casa la meva germana. Ha tingut sort, les tinc, però he quedat amb ell i els nens. Diu que ve corrents i al cap de menys d'un quart d'hora és allà.

Quan arriba estic pàl·lida. «Et trobes bé?». Faig que no amb el cap i em fa una abraçada. «Segur que tot anirà bé. T'estimo». L'acomiado perquè veig els nens i ell que surten de piscina. Des que ha passat tot això els meus amics em diuen t'estimo sempre que em truquen, o quan ens acomiadem. Abans no ho feien. Abans intuïen que no ho necessitava. Ara els seus «T'estimo» em donen escalf i, sobretot, força. Així que vaig cap a l'entrada de la piscina, somric als altres pares i mares, i els meus fills, quan s'adonen que soc allà, se'm llancen als braços com si fes segles que no em veuen. Ens hem vist aquest matí, els he cridat, i ara em sap tan greu! Els abraço i fingeixo una emoció exagerada perquè m'ensenyaran la seva casa nova.

Amb ell hem acordat que no direm «la casa del papa» i «la casa de la mama». Serà la casa del carrer tal i la casa del carrer tal, i totes dues seran les cases dels nens. Ells tindran dues cases i estan excitadíssims. L'Oriol els ho explica als seus companys abans de marxar. Sento que la Martina li diu al seu pare «Jo també vull tenir dues cases» i intueixo l'enveja en la mirada del pare, que fa mesos que es deu voler separar i no s'atreveix. I penso que almenys hem estat valents, almenys no ens hem deixat portar per la inèrcia, no ens hem conformat.

Mentre caminem cap a la nova llar, ell em diu que he portat el Josep a la guarderia amb unes sabates trencades. Només és el primer dia que els nens dormiran a casa seva i ja m'està retraient com els he vestit. Patirem. Aquest matí ha estat tan caos que ja em sembla molt que vagi calçat. Però això no l'hi dic, esclar.

El camí és incòmode, els nens estan una mica rebels i jo no tinc gaire clar si he de ser jo qui els posi a ratlla o ell. Estan amb ell, així que ho hauria de fer ell, però jo no he deixat de ser sa mare. És estrany i no tinc cap mapa, ni cap manual que m'indiqui què he de fer. Sense parlar-ho, jo em faig càrrec del petit i ell del gran. L'agafo en braços quan no vol caminar més i ell em fa mala cara. No faig res bé. No ho recordava. Però ell s'encarrega que faci memòria.

Creuem el carrer Aragó i al carril bici veig un noi molt guapo que em mira. Em sona. I de seguida lligo caps. És un Tinder. No pot ser. És un Tinder amb qui vaig xatejar al principi, quan el Jordi em va obrir el perfil. Sí, ha de ser ell. Em mira, merda. M'ha vist amb ell i els nens. Es pensarà que estic casada, que quan li deia que m'havia separat mentia. De debò que m'estic preocupant per un Tinder el dia que estic portant els meus fills a dormir a la seva casa nova? El dia que veuré la casa d'ell per primera vegada? El dia que poso fi a la meva vida nòmada? Doncs sí, aquesta és la vida surrealista que estic vivint des de fa setmanes. La primavera que s'imposa al pit i al sexe.

Mentre caminem penso si ell deu estar lligant com ho estic fent jo. Si té amants, si ha trobat una dona que li agradi. «Si tu estàs follant, ell està follant», em diu sempre el Jordi, i suposo que té raó. Del que estic segura és que ell és incapaç d'imaginar el que estic fent. Si ell està cremant Tinder tant me fot. Que faci el que vulgui. Ara l'únic que vull és que la casa no caigui a trossos, que no sigui depriment, que els nens hi siguin feliços, que dormin bé, que no em truquin a les nits plorant.

Els nens, entusiasmats, m'ensenyen el parc que tenen al costat de casa. El darrer cap de setmana ell els va ensenyar el pis i sembla que els va agradar molt. Però hi van anar de visita, era una aventura. Avui hi dormiran, avui començaran a entendre que el papa i la mama no estaran junts mai més, que viuran separats per sempre. I jo també ho entendré. Jo avui també dormiré sola a casa meva per primera vegada.

41

Tinc una cervesa entre les mans i em sento com si fos en una altra realitat. Estic asseguda en una cuina desconeguda, i els meus nens juguen a l'habitació del costat, decorada amb vinils de dinosaures i cavallers. Miro els meus fills i també em semblen irreals.

Ell seu davant meu, amb una altra cervesa. La primera cervesa compartida des de la separació. Estic bloquejada, però ho dissimulo i elogio el pis, el balcó, la cuina, els banys i l'habitació dels nens. «Ha quedat molt bonica». Des de la cuina es veu la seva habitació i miro el seu llit nou, de reüll. Llençols nous, llit nou, vida nova. Aquí és on dormirà cada nit sense mi a partir d'ara. Aquí és on farà l'amor amb altres dones. Aquí és on jugarà amb els meus fills als matins a fer guerres de coixins. Aquí és on dormirà abraçat als nens, sense mi.

Quan estàvem junts, cada matí els nens venien al nostre llit. Ells jugaven testosterònicament, es pegaven, rodolaven sobre el llit i després de desfogar-se, algun de nosaltres deia «abraçada a quatre», i ens abraçàvem, tots quatre, molt fort, donant-nos amor i energia per començar el dia. Ara les seves lluites testosteròniques matineres són en aquest llit, ara les abraçades són a tres. Ara, a tot el que fan, hi falto sempre jo.

Els nens volen jugar amb mi i deixo la cervesa i sec sobre la catifa de lleons i tigres d'Ikea de l'habitació. Ell també ha anat a l'Ikea sol. Però estic convençuda que ell no es va quedar paralitzat sobre una taula infantil, que ell va circular, seguint les normes, que fins i tot va gaudir de no tenir-me al costat xerrant sense parar i posant objectes superflus i innecessaris al carro. Per què sempre penso que ell està millor, que ho porta millor, que és més fort? El miro i ho sé. És que ho és. Està feliç al seu nou pis. Té una llum que no li havia vist mai abans. És millor persona des que ja no és el meu home, des que m'ha apartat de la seva vida, des que fa abraçades «a tres» en lloc de «a quatre».

Entra a l'habitació i els diu als nens que ara toca joc lliure, que el papa i la mama han de parlar. M'aixeco, sorpresa, i torno a la cuina. Vol parlar amb mi? Parlarem de nosaltres? Em mostra els plànols de les possibles reformes que es poden fer al pis. Les farà a poc a poc, el pis està prou bé, sense pressa. Jo opino sobre quina reforma em sembla la més indicada, però de seguida entenc que la meva opinió no li interessa en absolut. Així que callo i em pregunto si alguna vegada li ha interessat el que pensava.

M'ha fet seure una altra vegada per dir-me que trucarà als meus pares perquè vegin el pis. Em ve la imatge del meu pare cridant-me, enfadat com no l'havia vist mai. El matarà. Si ve aquí el matarà. Però és un gest conciliador i els nens necessiten veure que els avis materns i el pare tenen bona relació. Són la seva família i per a ells és important mantenir-la unida. Així que li dic que em sembla una bona idea.

Mira el rellotge, sense dissimular que, un cop avisada que parlarà amb els meus pares, un cop haver vist el pis i begut una birra, ja és hora que marxi. No me'n vull anar. Em vull quedar amb els meus fills, vull que sopem junts, vull inten-

tar que tornem a ser una família de quatre. Però ell ja és als fogons, acabant de fer els pits de pollastre a la planxa per sopar. Tres pits de pollastre, un de gran i dos petits. No s'ha ni plantejat que em podria quedar a sopar.
Vaig a veure els nens i els dic que marxo. L'Oriol inventa històries amb els Playmobil i el Josep rugeix com un dinosaure mentre passeja un peluix de dinosaure per tota l'habitació. Cap dels dos no em vol fer un petó. Tenen coses més importants a fer i no insisteixo. Ell em mira i em diu que estan emocionats amb les joguines noves. És la seva manera de dir-me que no m'ho prengui malament. L'hi agraeixo.
Em fa dos petons i m'acomiada a la porta. Em tremolen les cames i no sé si arribaré al carrer. Sec a les escales uns segons. Respiro fondo i agafo forces, surto al carrer i vaig a buscar l'autobús. La parada indica que queden deu minuts perquè passi i decideixo caminar. Mentre camino sento el meu nom. És una coneguda que està amb una companya en una terrassa, prenent una cervesa. Sense que em convidin, sec amb elles. I pregunto si em puc demanar una cervesa. Assenteixen, contentes d'haver-me trobat. Busco el cambrer i li demano una copa de cervesa gran. L'autobús que va a casa meva em passa per davant. La vida, ara, és imprevisible, i potser no està tan malament.

42

El divendres ha començat anant al banc a tancar comptes amb ell i a obrir-ne un per a les despeses comunes a partir d'ara. No hem quedat abans. I aquest cop he estat jo qui l'ha esperat a dins de l'oficina. Hem anul·lat els comptes i les targetes comunes. El darrer cop d'estocada a la nostra vida familiar i de parella. El tràmit ha estat àgil i en sortir, com sempre, ell no ha dit d'anar a prendre res ni m'ha preguntat com estava. Però m'ha explicat que ara que ja fa mesos que estem separats trucarà a la meva germana, a l'Alba, a altres amics meus, i als meus cosins. L'he mirat com si fos un follet saltador que ha aparegut enmig d'un bosc. «Parlaràs amb tota aquesta gent de la nostra relació?». «Si a tu et sembla bé». «Em sembla perfecte, però i amb mi? Quan parlaràs amb mi?» Com a resposta, el seu silenci. És tan surrealista que em quedo de pedra, sense paraules. Al cap d'uns segons, una resposta: «Tu i jo ens hem separat». Ho sé, no cal que m'ho expliquis, però no hem parlat de per què ens hem separat, no hem plorat junts la nostra separació. Ell em mira com si fos una fada que ha aparegut enmig del bosc, i marxa dient que té pressa.

Avui tampoc no hi haurà conversa. Avui també hauré de lluitar contra aquesta sensació d'abandonament tan profunda que m'arrela al pit des de fa setmanes. Sort que tinc el Tinder, sort que tinc el Jofre. Són homes el que necessito per tapar aquest buit? Em fa por acabar entenent que no, que per tapar el buit el que he de fer és viure'l, sentir-lo i, si cal, deixar que em devori.

És el primer cap de setmana que tinc el pis per a mi, sense nens, i decideixo no anar a l'Empordà. El Jose Mari diu que m'he d'enfrontar a estar sola, i és el que he decidit fer. Però divendres m'envia un missatge el Tinder que em vaig trobar quan acompanyava els meus fills a la casa nova d'ell, i em diu de quedar. Puc estar sola dissabte, també compta, no? Així que li dic que sí, i quedem divendres a les set de la tarda. En el fons a qui vull veure és el Jofre, però penso que m'anirà bé quedar amb d'altres precisament per no pensar-hi, per no projectar, per no dibuixar-lo al meu gust.

La tàctica no funciona, i quan el Tinder proposa quedar-se a dormir li dic que no immediatament. Després li demano disculpes, potser he estat massa directa, massa rude, però l'últim que vull és un Tinder dormint al meu llit. Es vesteix de seguida i s'acomiada. Entén que no vulgui que es quedi, ell també prefereix dormir a casa seva. Doncs perfecte. Hem passat bona part de la nit junts, ja que fa uns dies que ha acabat el toc de queda i podem fer el que vulguem, cosa que encara ens sembla insòlita. I quan se'n va, de seguida miro el mòbil, per si el Jofre m'ha escrit. Fa un segon que estava abraçada a un altre home, i ja penso en ell.

L'endemà al matí em desperto a les set, com si tingués els nens, i lluito per tornar-me a adormir. Un cap de setmana per a mi, sencer. M'envaeix una sensació de solitud intensa que em punxa a la boca de l'estómac. Porto mesos fugint: a l'Empordà, amb la tribu, quedant amb amics a Barcelona, treballant... Mai sola. I ara m'he imposat un cap de setmana sense veure ningú. No estic acostumada a tenir temps per a mi, a poder decidir què vull fer a cada moment. M'hauria d'agradar, ho hauria de gaudir. Tinc mil llibres per llegir, mil pel·lícules per veure. Però m'envaeix l'abisme. Esmorzo sola. Em sento estranya a la taula on sempre sèiem tots quatre, on seiem tots tres des que ell no hi és. Per un moment em penedeixo que el Tinder no s'hagi quedat a dormir. Però què faria, ara? Esmorzar amb un desconegut? Intueixo que la sensació encara seria pitjor. M'assec al sofà, amb tot el dia al davant. Podria escriure, podria llegir. Truco als nens. No em contesten. No sé què deuen tenir planejat per a aquest cap de setmana. Ell no m'informa dels plans que tenen. I jo no pregunto. Miro les parets del menjador, totes guixades de bolígraf i retolador. Hauria de pintar el pis. Però no tinc ni esma de pensar-ho. Estic cansada. Pensar en el Jofre també és una manera de fugir? M'estic inventant un cavaller perquè soc incapaç d'estar sola? Poso un vídeo d'una cantant que em va descobrir l'última vegada que ens vam veure. Té una veu impressionant, i la lletra de la cançó em fa pensar en el pare dels meus fills. En el seu silenci, en el mal que m'ha fet, en el dolor que m'està provocant. La cançó em queda a dins i la repeteixo durant tot el dia al meu cap.

Segur que ell m'imagina sola a casa, plorant. No li deu ni passar pel cap que tinc històries amb altres homes. No es pot imaginar que em sento bé, que em sento poderosa, que em sento atractiva, que agrado als homes. Em fa mal la boca de l'estómac, em cou. Em prendria un trankimazin però no vull recórrer a la química al primer símptoma d'intranquil·litat. Rebo un missatge del Tinder a qui no he deixat quedar-se a dormir aquesta nit. Em proposa que fem la migdiada junts. Li he de dir que no, he d'estar sola. Però és un pla que ha sorgit, no és que jo ho estigui buscant, no és que jo estigui fugint.

Li dic que sí, que vingui, i li passo l'adreça, tot i que fa menys de dotze hores que ha sortit per la porta del pis.

Em dutxo, em vesteixo i surto a comprar alguna cosa. Verdura. Ja que no faig exercici i bec més que mai, almenys menjaré bé. Omplo el carro sense ordre, sense seny, compro més del que menjaré, ho sé quan pago a la caixa. Cent euros i no he comprat res consistent: vi, iogurts, coca-coles, cerveses, dos bròquils i bosses d'amanida. Ho poso tot al carro i passejo pel barri. No tinc ganes d'anar a casa. Camino buscant algú conegut. Quan estava en família sempre volia estar sola. I ara que estic sola, cerco companyia a cada cantonada.

Endreço el que he comprat i trec un plat preparat del congelador. El Tinder em pregunta si ja he dinat. Li dic que sí, que pot venir quan vulgui. Com que viu a prop i es mou en bici el tinc a casa al cap de cinc minuts. No li vull obrir. Per què li he dit que sí? Vull fer la migdiada veient la tele, vull estar tranquil·la. Però acaba de picar a l'intèrfon, l'he fet venir. Ara no li puc dir que no pugi.

Quan obro la porta es mostra tímid i em fa dos petons. Quina absurditat, si fa deu hores que estàvem nus al llit, ell dins meu... Encara no entenc el codi de com es relacionen els humans en l'era Tinder. Fem un cafè, i de seguida ens emboliquem. Em tornen a venir unes ganes boges que marxi, i aquest cop és ell qui diu que ha quedat i que se'n va. Em demana si es pot dutxar, li dono una tovallola, i es dutxa a la meva dutxa, a la que era la nostra dutxa fa no res. Surt elogiant la pressió i que l'aigua surti tan calenta. Qui és aquest tio?, penso. Es vesteix, i després de fer-me un petó al llindar de la porta em dona les gràcies. Què estic fent? I, sobretot, si ho faig, per què no en gaudeixo? He decidit tenir relacions sexuals amb altres homes perquè és el que necessito, perquè vull divertir-me i perquè l'únic que necessito ara és enamorar-me. Volia dir l'últim, però he escrit únic. M'envio missatges a mi mateixa. I em fa por.

Quan el Tinder ha tancat la porta vaig cap al sofà, encara amb la seva suor sobre la pell, amb l'olor del seu sexe, del meu sexe, enganxada al cos. Sec al sofà, bec un got d'aigua i començo a enviar missatges a amics i amigues per fer alguna cosa. No sé estar sola. És això. És terrible assumir-ho i he de lluitar per passar per aquí, per adonar-me que no és cap drama, que ningú es mor per passar un cap de setmana sola. I llavors em ve al cap, com un llampec, inevitablement. Amb el Jofre he jugat a «Podem anar follant, ser amics i embolicar-nos amb altres». Però encara tinc el gust de penis d'un altre a la boca i ja hi estic pensant. Li envio un missatge, perquè no vull negar res del que sento, perquè això ja ho feia amb ell. Ara, soltera, no ho faré. Penso fer el que senti a cada moment, encara que això impliqui risc, encara que comporti dolor. Però llavors recordo una escena de *La boda del meu millor amic* on Julia Roberts condueix perseguint el seu amic, que persegueix la seva promesa. Li està explicant per telèfon a Rupert Everett i ell li pregunta: «I a tu qui et persegueix?». I la frase em ve al cap com un punyal al pit. Jo persegueixo el Jofre, ell segurament persegueix alguna altra dona. I a mi, qui em persegueix?

43

He passat la vida jutjant-me, flagel·lant-me. I ara, que estic més perduda que mai, agrairia una mica de comprensió. Però no soc capaç de donar-me-la. De cop em començo a preocupar per si el Tinder torna de sorpresa en algun moment. Sap on visc. I si és un boig? I si es presenta de matinada? Està confirmat, no sé estar tranquil·la, no sé gaudir del que faig, ni prendre'm les coses amb calma. «Ets massa impulsiva», em diu l'Alba quan li explico que li he enviat un missatge al Jofre. Li he de donar espai, m'aconsella. Però la meva ínfima autoestima em dicta que si li dono espai fugirà i no vull que marxi. Me l'invento, per no estar sola, i tot i que sé que no és cert, em convenço a mi mateixa que m'agrada de veritat.

Quan era més jove la meva millor amiga em prenia el mòbil quan anàvem de festa. Quan m'emborratxava era capaç de trucar a tots els homes que tenia a l'agenda, amb una mena d'ànsia i desesperació que l'únic que feia era allunyar-los de mi encara més. Ja no soc aquella borratxa desesperada. Ara soc mare, ara soc adulta, ara he de pensar en els nens i en la feina i deixar-me de Tinders, de Jofres i d'homes que no em salvaran de res.

Diumenge em torno a obligar a estar sola, i a les sis de la tarda no suporto més l'angoixa i em nego a recórrer a la química. Envio missatges a tothom i tots estan ocupats: el Jordi amb un Grinder, la Míriam de cap de setmana amb amigues, l'Aleix de ressaca perquè ahir va tenir una cita que acaba de marxar de casa, l'Alba estudiant el paper de la seva propera pel·lícula, i un llarg etcètera d'amics i amigues que no tenen temps per a mi un diumenge a la tarda. El Jordi m'envia una foto del seu Grinder, nu al seu costat, i em pregunta si estic bé. Li dic que no, que tinc angoixa, que la casa em cau a sobre i m'aconsella que surti a caminar. Li faig cas.

Surto a cansar el cos com a alternativa a la química i l'alcohol. Vaig a Montjuïc, pujo al castell, passo per les Picornell, on hi ha un concert de música cubana, passejo pels jardins, plens de famílies, de nens, de grups de totes les nacionalitats que fan pícnics a l'aire lliure. Als jardins del Teatre Grec hi ha una parella en un banc. No deuen tenir més de vint anys. S'estan morrejant, amb els ulls tancats, entregats. M'aturo davant d'ells i els observo. Es fan un petó llarg, amb llengua, suau i tendre, un que no s'acaba mai. Ell li acaricia l'esquena, ella li passa la mà per la galta. És un petó cast, en el fons, no un morreig per acabar en sexe, que és al que estic acostumada des de fa anys.

Recordo una conversa amb l'Alba quan ho havia deixat amb el seu primer nòvio. Em va dir que no feien sexe oral, i que no es feien petons amb llengua. Només, de tant en tant, feien l'amor. En aquell moment érem joves i a mi em va semblar una aberració. Penso en ella al parc de Montjuïc i en aquell nòvio que no la morrejava. Ell i jo només ens fèiem petons amb llengua com a preliminars del sexe. Ho vam deixar anar tot, a poc a poc, desganats, esgotats, avorrits.

Continuo mirant la parella. Estan tan entregats que no s'adonen que els observo. El Jofre no em besa així, ell no em besava així, cap Tinder em besarà així mai. Vull plorar però no puc. I just en aquell moment el noi obre els ulls, deu haver notat la meva mirada perforant-li la galta. És tan evident que m'he aturat a mirar-los, que no puc dissimular i dic «Perdó» i em poso a caminar immediatament. Però quan he fet unes passes, giro cua i vaig cap al noi. Em mira com si fos una boja, em deu veure gran. Jo em sento jove, però per a un nen de vint anys soc una vella. M'hi apropo i li dic «No deixis mai de besar així». I me'n vaig. Sento com comenten alguna cosa en veu baixa. Que diguin el que vulguin, jo estic orgullosa d'haver-ho fet. Tots hauríem d'entregar-nos com ho fèiem amb vint anys. Però creixem i portem massa motxilles, massa merdes acumulades, massa dolor, massa ferides i pors.

L'app de salut de l'iPhone m'informa que ja he fet les deu mil passes recomanades per l'OMS i enfilo cap a casa. Ja són les vuit del vespre, em puc prendre una cervesa sense sentir-me alcohòlica. Sona una cançó de la cantant que el Jofre em va descobrir i sento com em tremolen els llavis. Ploro sense contenció, sense vergonya, mentre canto en veu alta la lletra de la cançó, que em fa posar la pell de gallina. I penso en ell, en el que érem, en la família que ens hem carregat. I, de nou, em sento perduda, sola, abandonada i sense rumb.

44

La meva mare m'ho va dir ahir. «Ell ha trucat al teu pare». Va dir que ho faria i ho ha fet. Em sembla bé. Els nens estaran feliços. Han quedat al seu pis després de l'escola. «Al teu pare no li fa cap gràcia». Li demano que me'l passi, i li suplico que li faci bon paper, que no li faci retrets, que s'està portant bé amb això dels nens. El meu pare, seriós, em diu que no farà cap numeret. Que es comportarà, que ho farà pels seus nets i per mi. I m'alleuja una mica, però temo que esclati al mig del pis, amb els nens davant, que li expliqui les vegades que m'ha hagut de venir a rescatar, els plors aferrada al mànec del congelador, la desesperació, la impotència. M'assegura que no ho farà i me'l crec.

Porto tot el dia nerviosa i continuo incapaç d'escriure ni una línia. El productor de Madrid em pregunta com porto el guió i li dic que molt bé, que hi estic treballant. Ho faré, segur. Només necessito una mica d'ordre. Ara que ja estic sola al pis podré treballar. A poc a poc, no em vull posar pressió.

Els nens ja deuen haver sortit de l'escola i ara deuen estar anant cap al seu pis nou. Ell deu estar nerviós. No ha parlat amb els meus pares des de fa mesos. L'última vegada que es van veure va ser al dinar de Nadal. Els meus pares li van regalar uns mitjons i un jersei blau.

Passo la tarda passejant per la ciutat. Vaig a llibreries. Les llibreries em salven, com l'escriptura. Són els espais on em sento més protegida, i m'agrada remenar llibres i llegir contraportades de novel·les que mai no llegiré. Vaig a la secció infantil, torno a buscar llibres de separació. Només n'hi ha un, i el dibuix de la portada és un nen amb cara d'estar més perdut que jo. Definitivament, m'he de posar a escriure un llibre de la separació per a infants.

Arribo a casa a les nou del vespre, he fet més de divuit mil passes. Estic esgotada, però continuo sentint l'angoixa al pit, el foc que crema, que no dorm mai. Quan pararà? Quan estaré tranquil·la? Podré viure serena estant sola? M'acostumaré a estar sense els nens? Me'n sortiré? Aquesta pregunta, tota l'estona, de nit, de dia, de matinada. Me'n sortiré?

Sona el telèfon i és el meu pare. «Ha anat bé», em diu, sec. «Els nens estan molt contents i l'habitació que tenen és prou àmplia». No diu gaire cosa més. Em passa la meva mare, que és més entusiasta. Que si ell ha estat encantador, que si el barri és una monada, que si el carrer és una cucada, que si els nens estaven tan macos, que si els veu tan feliços amb ell, que si ell els ha ofert el vi rosat que tant els agrada, que l'ha comprat expressament per a ells, i que han menjat les croquetes que fa ell, que si són tan bones, que si cuina tan bé. Estic a punt de dir-li que s'hi casi, però callo. Ho fa per mi, perquè no em preocupi, perquè sàpiga que els nens estaran bé sense mi. No sap que això ja ho sé, que el que em fa por, precisament, és que estiguin tan bé sense mi que em deixin d'estimar, que deixin de voler venir a casa, que només vulguin papa des d'ara i per sempre.

Quan penja em sento la pitjor persona del món, egoista, injusta. He d'estar contenta pels meus fills, he d'estar contenta per ell. Tenen una casa nova, estan emocionats i feliços. M'intento contagiar d'una alegria que m'és aliena i miro el que era el pis familiar fins fa ben poc. I, de cop, no el reconec. M'és hostil i sento que jo també hauria de fugir d'aquí i construir una nova vida en una altra casa com ha fet ell. Les coses s'han de començar a posar a lloc, l'ordre ha d'arribar algun dia. Ha passat el pitjor, em dic. Ara tot anirà cap amunt. T'hi acostumaràs, t'hi acostumaràs, em repeteixo com un mantra. I, per primera vegada en tots aquests mesos, canvio l'orfidal per una valeriana.

45

El paquet ha arribat aquest matí, just abans de marxar. És un tros de plàstic que val deu euros, el mecanisme més senzill per evitar un problema enorme. El col·loco al cinturó de seguretat del Josep, i el distrec perquè no miri què estic fent. L'estructura de plàstic el que fa és evitar que el nen pugui obrir el cinturó de seguretat amb el dit. Tapa el botó vermell deixant només una fina línia, on, per aconseguir prémer el botó, s'ha d'introduir la clau del cotxe o qualsevol objecte prim. El dit del Josep no hi cap, aquí a dins, i d'això es tracta. De tenir un viatge tranquil i sense sorpreses.

Només sortir del pàrquing el Josep es queixa. Evidentment ha intentat treure's el cinturó. «Què passa? No puc», crida enfadat. A mi se m'escapa el riure. Li torno a explicar que no es pot treure el cinturó, que és perillós. Quan li vaig comentar a ell, per telèfon, que el Josep tenia tendència a obrir el cinturó de seguretat quan anàvem amb cotxe, em va assegurar que a ell no l'hi havia fet mai. A ell mai no li fan res, amb ell es porten sempre perfectament. Amb ell són uns altres nens, els bons, els idíl·lics, i amb mi es porten malament perquè soc una mare pèssima, perquè no els sé educar.

Els miro pel mirallet que va col·locar ell per poder-los veure des del seient del conductor. El Josep s'ha resignat a no poder escapar-se i l'Oriol em demana que posi la seva música. Tinc una llista amb el seu nom on hi anem posant cançons que els agraden. De tant en tant jo també en trio alguna, per sentir alguna cançó que no sigui infantil, i l'Oriol, que cada dia és més gran, ara em comença a demanar cançons d'adults. No sé per què fa dies que està obsessionat amb «Bella ciao», que canta a ple pulmó des del seient de darrere. Se sap la lletra de memòria, a la seva manera, esclar. Resulta graciós sentir com s'inventa paraules en italià.

Abans d'arribar a l'entrada de la ronda Litoral, s'encén un pilot vermell. No m'havia sortit mai. Què és? Una roda? Un llum? M'aturo a la benzinera de l'avinguda Paral·lel, faig una foto i l'hi envio a ell. Li truco i li pregunto què és i la seva resposta és contundent «Mira-ho a les instruccions». No vol saber res de mi, ja no soc la seva parella, ja no em rescatarà mai més, ara m'he d'espavilar sola i em sento ridícula demanant ajuda al meu ex només perquè se suposa que la mecànica és un terreny masculí. M'emprenyo i, seca, li pregunto directament què faria si es trobés aquest senyal, ell. «Miraria les instruccions». «Gràcies», etzibo emprenyada, no amb ell sinó amb la vida, amb la situació, amb mi.

Per què el necessito per a tot? Per què soc tan dependent? Evidentment, no he mirat el manual d'instruccions del cotxe mai a la vida, i tampoc sé on és. La lògica m'empeny a obrir la guantera i allà és. Per sort, l'índex és prou clar i de seguida trobo el significat del senyal d'alarma, que d'altra banda era bastant evident. Un far de color vermell, traducció: hi ha un problema amb algun dels llums. No sé quin.

Li torno a trucar i l'hi explico. «Puc anar a l'Empordà?», pregunto, incapaç de prendre decisions sense el seu consentiment. Em diu que sí, que tiri, que és una tonteria. Aquesta vegada es mostra més cordial, però no ho fa per mi, ho fa pels seus fills, que són al seient del darrere i que necessiten una conductora serena i segura. L'hi agraeixo i penjo.

A punt de sortir de la benzinera m'adono que per tornar al Paral·lel he de fer tota la volta al Poble-sec i perdré deu minuts. En canvi, si faig els cinc metres que em separen del Paral·lel contra direcció, en un segon serem a la ronda. No veig cap cotxe i ho faig, i quan arribo al cap del carrer m'aturen una parella de Mossos. No pot ser. No els havia vist i això que els tenia davant, a només uns metres, aparcats a la cruïlla. «Es pot saber què fa?», em pregunta el més jove, agressiu i antipàtic. Li explico el que ha passat, que m'he hagut d'aturar a la benzinera un moment. «No ha vist que era contra direcció?». «No», menteixo. «On viu?». Li explico que visc aquí al costat, però que mai havia entrat en aquesta benzinera, que no sabia que la sortida era contra direcció. El més gran és un metre darrere, controlant la situació. Soc al mig del carrer, que és estret i no tinc lloc per aturar-me. «Què faig?», pregunto disposada que em treguin punts del carnet, que m'immobilitzin el vehicle, que em treguin la custòdia. El jove mira el més gran, i diu «El que digui el *jefe*». I el *jefe* s'apropa. Aquest sembla més amable. Ve somrient, amb una condescendència masculina que ara agraeixo. Si fos un home ja m'haurien posat una multa, n'estic convençuda, i contra els meus principis, faig el paper de la fèmina desemparada, rol que d'altra banda no s'allunya gaire de la meva realitat actual.

Li explico que ha saltat un senyal d'alarma, que m'he aturat, que he trucat al meu ex i ha passat de mi, que he hagut de mirar les instruccions, que no estic segura que l'avaria no sigui important. Li dic que m'acabo de separar, que és la primera vegada que faig un viatge llarg amb el cotxe sola amb els nens i, inesperadament, em poso a plorar. El mosso que mana em tranquil·litza. «No passa res», em diu. I el vull abraçar, m'hi vull casar, el vull estimar sobre el capó. «Què faig? M'ha de posar una multa?». «No, dona, però la pròxima vegada fixi-s'hi bé». Li asseguro que ho faré i li dono les gràcies entre llàgrimes. I, llavors, en un atac de falta de confiança, amb una necessitat terrible de seguretat, de confirmació que ho estic fent bé, li demano que miri el senyal lluminós que indica que passa alguna cosa. Ell s'ho mira, amable i condescendent. «Puc fer un viatge d'hora i mitja així?». Em diu que sí, que no pateixi, que està tot bé i que quan torni el porti al taller perquè em canviïn el llum. Li dono les gràcies i el jove, antipàtic, em demana que circuli. Ho faig, encara tremolosa, encara amb el formigueig que em crema el pit.

«T'han posat una multa, mama?», pregunta l'Oriol. Li dic que no, que no pateixi, que els policies només estaven ajudant-nos amb el tema del llum i poso «Bella Ciao» a tot drap i canto, a crits, alliberada, empoderada i agafant les regnes de la meva nova vida i l'Oriol m'acompanya amb el seu italià inventat i el Josep diu sense parar txau, txau, txau. Som una família de tres, no necessitem cap home que ens doni seguretat ni que ens protegeixi. Som la puta família Trapp, i ens en sortirem, penso mentre tots tres cantem a ple pulmó: *Una mattina mi son' svegliato, o bella ciao, bella ciao, bella ciao, ciao, ciao. Una mattina mi son' svegliato, e ho trovato l'invasoooooooooor!*

46

Hem dinat en un italià, al centre, després hem anat al seu estudi. Hi té una biblioteca immensa on s'hi pot trobar des de Rodoreda fins a Roth passant per la literatura grega, els clàssics russos... M'entretinc mirant-los mentre ell és al lavabo. Quan surt, ens besem i ens estirem al sofà. No sembla que estigui excitat i a mi ja m'està bé fer una migdiada abraçada a ell. Parlem del que està escrivint, li explico què estic fent jo i compartim fílies i fòbies creatives. Em quedo abraçada a ell, mentre m'acaricia el braç, tendre, i em parla d'una altra amant que té. Per com parla d'ella és evident que aquí «l'altra» soc jo. M'escolto, profundament, i deixo d'abraçar-lo. L'última vegada que vam estar junts no em feia mal que ell estigués amb una altra dona. De fet, ho agraïa, em donava llibertat, no m'exigia cap lligam i jo també tenia altres amants.

Ara em sento diferent de fa uns dies. A la meva nova vida tot va molt de pressa. Passo de tenir amants i no voler compromís a sentir-me... enamorada? És això el que sento? És això el que vull pensar que sento? No tinc certeses, l'únic que puc afirmar és que he estat amb un Tinder amb qui he follat de puta mare i només marxar he pensat en el Jofre. L'únic que sé és que ara m'imagino el Jofre besant-ne una altra, rient amb una altra, penetrant-ne una altra i em paralitzo.

Em quedo mirant la biblioteca, i m'envaeix la certesa que no la tornaré a veure més. «Què passa?», em pregunta mentre em passa la mà per l'esquena, acariciant-me. Ressegueixo el seu despatx amb la mirada, el seu escriptori, la seva cadira ergonòmica de disseny per poder passar hores i hores escrivint. No l'observaré mai escriure mentre estic estirada, nua, al sofà. No l'ajudaré a corregir la seva pròxima novel·la, no anirem al parc amb els meus fills i els seus, no anirem de vacances junts, no serà mai més el meu acompanyant a les estrenes. Ell em mira, i ho entén tot. O això intueixo.

Li explico que he estat amb un noi, que des que el conec he estat amb alguns nois, de fet. I que aquest dissabte, quan li vaig enviar el missatge, el meu llit encara estava calent del Tinder que acabava de marxar i que només tancar-se la porta vaig pensar immediatament en ell. I va ser llavors que em vaig adonar que m'agrada. M'obro en canal, sense fre, sense tapar res, a raig, valenta, madura, vulnerable i sense cap mena de por al que pensarà de mi. M'he fet gran i continuo sent poderosa, malgrat tot. Li dic que penso en ell, encara que jo tingui altres amants, encara que ompli el meu llit amb altres cossos.

El vaig buscar per les xarxes perquè m'agradava, sense conèixe'l. Em van enamorar el seu art, el seu talent, la seva ploma, la seva tendresa, la seva mirada dolça a la foto de la contraportada dels seus llibres, la seva timidesa a les entrevistes. Fa quatre dies que ens veiem. Estic a temps de no patir. No sembla que el Jofre tingui res clar, tot i que puntualitza que de l'altra no n'està enamorat. També s'afanya a puntualitzar que tampoc s'ha enamorat de mi. Enamorar-se és una paraula molt gran, ara mateix. El que sí que sé és que el que em passa amb ell no és necessitat. Si fos necessitat, si fos només ganes de companyia, em passaria amb qualsevol. Però els qualsevol no vull que es quedin a dormir, no vull que em diguin bona nit, no vull que em preguntin què estic fent. Em sento bé dient què sento. No ho havia fet mai abans sense cuirassa, oberta en canal. Soc clara, transparent. No tinc por de mostrar qui soc, de mostrar la meva feblesa, la meva vulnerabilitat, el meu cor, la meva ànima, el meu dolor, la meva solitud. Li mostro tot, estirada al sofà del despatx que no tornaré a trepitjar mai més. Ja no seré mai la seva musa ni ell serà el meu cavaller.

El Jofre intenta explicar el que sent per mi, però és encara més confús. Diu que ahir mateix buscava entrades per anar al concert d'un cantant que ens agrada molt a tots dos, que té ganes d'anar a la casa de l'Empordà amb mi, que ell també s'imagina quedant al parc amb els nostres fills. Jo callo. No entenc res. «Però crec que és millor que siguem amics». I la meva autoestima lluita per estar forta, per no esfondrar-se, per no abandonar la feina que fa mesos que estic fent. No puc permetre que un sol home destrossi el que m'ha costat construir tant temps. Jo ja en tinc molts, d'amics, això ho tinc clar.

M'escolto a mi mateixa i em faig por. Soc un míssil sense rumb, soc una arma de destrucció massiva, soc la puta bomba atòmica. Com em puc plantejar estar amb algú si encara no entenc per què ni com m'he separat? «La meva vida ara mateix és molt boja», li dic, una mica per guanyar temps, una mica perquè no sé què dir, una mica perquè l'únic que vull és fugir d'aquest lloc, fondre'm, desaparèixer. Ell confessa que aquesta bogeria meva li atrau, que li atrau el meu món, la meva part intel·lectual, la meva manera de mirar la vida. Que estic florint i que això és magnètic, que les meves ganes de menjar-me la vida i el món enganxen. I llavors torno a sentir aquesta primavera perenne en la qual fa setmanes que visc. Torno a quedar-me en silenci, mirant una guitarra que té davant de l'escriptori. A sobre d'escriure bé, també toca la guitarra. Me l'ha tocat abans d'anar a dinar, sense mirar-me als ulls, tímid. Jo tampoc no podia mirar-lo. Llavors encara volia dissimular els meus sentiments, llavors encara no m'havia mostrat sense filtres i sense protecció. Continuo mirant a l'infinit, en silenci. «Estàs bé?». «Estic pensant», contesto. No és cap mentida, el cap em va a mil, la meva part controladora busca respostes, busca el mapa, busca què he de fer. I passo uns segons més callada. Em giro, el miro i ho dic a raig. És que jo... «Ara no sé què fer». I ell em mira, entendrit, i em fa l'abraçada més bonica que m'han fet en mesos. Entenc que m'aprecia, com a amiga, esclar. L'abraçada fraternal i protectora ho confirma. No necessito un altre amic, ara.

Em fa ràbia haver de deixar el Jofre pel camí, apartar-lo de la meva vida. Em sembla injust, perquè no és fàcil trobar algú amb qui connectis, algú amb qui t'hi entenguis. Alhora sé que part del que crec que sento és inventat. Però quan no ho és? «Ara no estava planejat», li dic, «ara no tenia previst que això em passés». I em refereixo a tenir sentiments per ell, però també, i sobretot, al fet que em rebutgés. No estava preparada per a un no. Però no puc ser més sincera ni amb ell ni amb mi. Són les cinc de la tarda, tinc els nens amb la cangur i de cop em sento tan culpable, tan mala mare, tan sonada. M'aixeco per posar-me la jaqueta. «Només són les cinc», em diu. Havíem quedat que tindríem els respectius nens amb cangurs fins a les sis. Però jo vull fugir, vull plorar, vull cridar, vull posar el meu ego a lloc. El que realment m'agradaria seria tenir els ovaris de ser sincera amb mi mateixa. Ell a mi tampoc no em posa, aquesta és la realitat. Els dos claus amb el Tinder van ser mil vegades millor que els que hagi pogut fer amb el Jofre. Però m'agrada. I em fa molta ràbia haver-lo d'engegar. «Què vols, tu?», li pregunto, passant-li la responsabilitat, somiant que em digui que s'ha equivocat, que no vol que surti de la seva vida, que vol viure la nostra relació intensament, que donarà una puntada de peu a l'altra i es quedarà amb mi. El meu ego un altre cop, que no encaixa no agradar. El Jofre és honest, és sincer, i està més avesat a estar separat, que moltes noies s'enamorin d'ell. Ha viscut aquesta situació moltes vegades, ho sé, i ho noto. «Sent egoista et diria que vull continuar sent amic teu, m'agrada el teu món i m'agrada estar amb tu. Però això ho has de decidir tu».

Torno a quedar-me mirant a l'infinit, aquest cop em concentro en un punt de la paret on hi ha una taca d'humitat amb forma de creu. I, mirant la taca, em poso a plorar. Un silenci llarg, entre sanglots. Ell m'acaricia l'esquena. És prudent amb el contacte, no sap què necessito, però em vol dir que és amb mi. Però no és cert. I ho sé. Ell és amb ella, no se n'ha enamorat, però l'ha triat, i torno a sentir l'abandonament de quan la meva mare va marxar de casa, de quan el meu primer amor em va deixar, de quan ell es va separar de mi per Zoom. I no jutjo res, no penso. I ploro i, a raig, llanço la frase més sincera i més crua i dura que he pronunciat mai a cap home: «No vull estar sola». I em trenco, i ell m'abraça i com més m'abraça més ploro. Serà la darrera abraçada. L'esborraré de totes les xarxes, el bloquejaré a WhatsApp. Estic a temps de no passar-m'ho malament. És només un capítol de la meva nova vida, del meu aprenentatge.

Al cap d'un instant, ell confessa: «Jo m'he sentit sol moltes vegades». I li veig supurar la ferida, la infecció al descobert. I la seva lluita per guarir-se, el seu esforç per fer veure que tot està bé, que tot anirà bé. Que sols que estem tots, penso. Però jo més que ningú.

S'apropa i m'abraça per l'esquena. Deixo que l'allargui, però de seguida em sento incòmoda. Em desprenc de la seva abraçada i el miro als ulls. Té la mirada més dolça que hagi vist mai. No sé com he passat de ser una tia forta, dura, infranquejable, a aquesta tendresa i vulnerabilitat extremes, a aquesta nuesa eixordadora. M'agrada aquest nou jo, em prefereixo tendra, em prefereixo sincera, m'estimo més així que com era abans. M'estimo. M'he d'estimar. Perquè si no m'estimo jo no m'estimarà ningú.

Li faig un petó, llarg, suau, com el de la parella d'adolescents de Montjuïc. Un petó que no espera sexe a canvi. Un petó de joveneta enamorada. «Enamorada» em cau gran, però potser si continués veient-lo me n'enamoraria. «Tu sempre em respons, Jofre, i això està molt bé, però jo necessito un home que em parli i no un home que em respongui».

I marxo, escales avall. I la meva ment creadora imagina que el meu silenci el farà tornar boig, que m'enyorarà, que s'adonarà que l'altra no és més que una excusa per bloquejar el que sent realment per mi, una cuirassa, un mur de contenció que el meu distanciament ensorrarà. I quan això passi em trucarà i em dirà que necessita veure'm, que vol estar amb mi, que no ha parat de pensar en mi ni un segon des que vaig marxar del seu sofà. Tanco la porta del portal, fort, donant un cop de porta simbòlic i em prohibeixo a mi mateixa tornar a projectar bajanades. Ell ja ha triat, i no t'ha triat a tu. Accepta-ho, carrega-t'ho a l'esquena i tira endavant. No tens cap altra sortida.

6. JUNY

Abraçada a tres

47

Fa una bona estona que condueixo i el meu pare seu al seient del copilot. Porto el cotxe familiar carregat fins a dalt amb l'escenografia de la meva última obra de teatre. Consistia en els objectes que hi havia a la casa de la meva àvia, al poble, i ara, després d'un anys tancats en un magatzem de lloguer, he decidit tornar-los a la casa, per estalviar diners i perquè amb la Covid no tinc clar que l'obra es torni a fer mai.

El meu pare m'hi acompanya. M'ha d'obrir la casa però també ho fa per ajudar-me. Li agrada ajudar-me, li agrada que torni a ser la seva nena, que el necessiti. I a mi m'entendreix veure'l així. El meu pare no és de xerrar gaire, però avui no calla. I la seva xerrameca em recorda les converses que teníem quan jo tenia disset o divuit anys i ell poc més de quaranta i m'explicava les seves aventures amoroses.

Just després de separar-se va començar a rebre una allau de propostes de les dones que portaven més de vint anys treballant amb ell. El meu pare és d'aquells homes que cada any que passa està més guapo, d'aquells que sembla que hagin fet un pacte amb el diable i no hagin d'envellir mai. L'Alba sempre diu que el meu pare és etern. I té raó. A les fotos de quan tenia vint anys va amb ulleres de cul de got, barba espessa, i té cara d'haver acabat de sortir de l'ou. Als quaranta, en canvi, era un home viscut, atractiu, i totes anaven boges per ell. Recordo una anècdota d'una que li va deixar un pòstit a la pantalla de l'ordinador on li deia que cada matí el veia al metro, i que si volia quedar per fer un cafè. Ai, l'era pre-Tinder, quina meravella. Pagaria una fortuna perquè algú em deixés una nota manuscrita sobre el meu ordinador. Em parla de quan va conèixer la meva mare, quan ell tenia només vint-i-dos anys. Em parla de la seva relació, de quan es van separar, de quan van tornar. Ara tenen setanta anys, i encara es planteja si deixar-la una altra vegada o no. I m'entristeix pensar que no arriba mai la calma en l'amor, alhora que m'encanta que el meu pare es plantegi que hi ha un futur possible sense ella. No conformar-se el fa estar viu. Em dona confiança que s'obri i jo també li parlo de les meves aventures. El meu pare no és dels que s'escandalitzen i de seguida m'explica que el sexe amb la meva mare ha estat sempre espectacular. Temo que entri en detalls, però no ho fa. Jo li explico la meva història amb el Jofre. Li dic que el busqui al mòbil. El mira en una fotografia i em diu: «Ja ho entenc. És d'aquells homes que les dones dieu que són interessants». I em fa riure. Li parlo amb sinceritat, sense filtre, com faig amb tothom darrerament. I em dona un consell: «No t'emmerdis amb ningú fins que no hagi passat un any. Fes-me cas». Ho diu amb la seguretat que dona l'experiència. Ell va fer tot el contrari. Quan feia menys d'un mes que s'havia separat de la meva mare, es va embolicar amb una de les seves admiradores, també acabada de separar, i se li va acudir anar de vacances amb ella. Recordo que em trucava des de Mallorca patint, dient que no veia el moment de tornar. Quan van arribar a Barcelona, ell la va deixar només baixar per la passarel·la del vaixell i ella va quedar tan feta pols que algun dia havia vingut a casa nostra a veure'l. Ella també devia viure en una primavera eterna, ella també devia buscar una àncora que la mantingués arrelada a la realitat. I ara entenc que s'ha d'estar sonat per emmerdar-se, com diu el meu pare, amb algú que s'acaba de separar. I confirmo que soc material inflamable, que la primavera que em crema a dins és un foc descontrolat que, en qualsevol moment i sense previ avís, ho podria incendiar tot. Comparem la meva generació amb la seva i em diu que ell pensa que les relacions convencionals no tenen sentit, però que no sap tenir-ne d'altra mena. Jo li parlo dels meus alumnes, alguns de gènere fluid, alguns amb relacions obertes, d'altres en relacions poliamoroses. Esclar que són alumnes de cinema, i són més oberts, suposo, però desitjo que les noves generacions superin la faula de l'amor romàntic que a nosaltres ens ha fet tan mal. Que es desfacin d'aquesta herència de patrons que no funcionen. Parlem també de com de difícil ho tenen els joves, ara que no hi ha diners, no hi ha feina, l'habitatge està caríssim, i ell compara el món actual amb el de la seva joventut.

M'explica que quan va començar a treballar d'interí cobrava onze mil pessetes, que només tenien telèfon fix, i això a la ciutat, perquè al poble no en tenia ningú. I em parla del dia que un company va arribar amb la primera màquina de calcular que va veure en la seva vida, que li havia costat quinze mil pessetes. Més del que cobrava ell en un mes. Jo no em puc imaginar un món sense calculadores i em sorprèn que quan ell era jove no n'hi haguessin. Em parla de la revolució del fax, de les cintes VHS, dels CD. Generació rere generació tot evoluciona, ara tenim internet, telèfons intel·ligents, robots, cotxes elèctrics, però mantenim el model familiar dels nostres besavis. És obvi que no té cap sentit.

48

Quan portem tres dies al càmping encara no ha succeït l'inevitable. I jo estic tranquil·la, pensant que el moment ja no arribarà. És un pont d'aquells en què les escoles s'agafen un dia de lliure disposició i els nens tenen quatre dies seguits de festa. I els pares, per obligació, també. És el primer pont des que ens hem separat i els nens em toquen a mi. Els de la classe han organitzat un cap de setmana en un càmping a Tarragona. Quan rebo el missatge, entro en pànic. Vull anar-hi. Bé, vull que ells hi vagin, però com m'ho faré, sola amb ells? No suporto la idea de passar quatre dies sencers amb els meus fills, soc la pitjor mare del món, soc una incapaç, qualsevol dia trucaran a la porta i serà una assistenta dels serveis socials i em traurà la custòdia.

Després de dues nits aixecant-me a mitjanit amb angoixa, pensant en totes les coses horribles que els poden passar als meus fills a càrrec meu en un càmping, decideixo enviar-li un missatge a ell. No sé com pot ser que encara recorri a ell per demanar socors. Però a qui, si no?

«No hi vagis», em diu el Jordi. Ell no té fills, no ho pot entendre. Quatre dies amb els nens de l'escola en un càmping és el millor regal que puc fer-los i no deixaré de fer-ho perquè a mi no em vingui de gust, perquè em faci por estar sola amb ells, perquè tingui pànic al viatge en cotxe, perquè la meva ment no pari de fer llistes de totes les coses terribles que ens poden passar.

De cop, faig un «Eureka». Ja ho tinc. Que hi vagi ell. El Jordi em mira, amb aquella mirada cínica que li és tan característica, amb aquella mirada que sempre va seguida d'una pausa, una pausa en la qual l'interlocutor s'adona del que està passant, s'adona del que està fent. «No té cap sentit que hi vagi ell, no?», entenc. El Jordi aixeca les espatlles i mou el cap fent que no a la vegada. Però jo no hi vull anar. No hi puc anar. Li envio un missatge. I el Jordi aixeca les celles. Sap perfectament el que passarà, i jo també, però continuo confiant que ell canviï, que de cop faci una metamorfosi cap a algú més amable, empàtic i comprensiu.

El missatge és clarament d'auxili. No em volia mostrar feble, però ho he fet amb tots els homes que han passat per la meva vida darrerament, així que era evident que amb ell també ho faria un dia o altre. I avui toca. És un missatge breu. «El dia 21 hi ha una sortida amb els del col·le. Jo preferiria que hi anessis tu. Em pots canviar el cap de setmana?». La resposta és gairebé immediata. «No». El Jordi em mira, què esperava? Em costa assumir que d'ell ja no en puc esperar res. Si quan era el meu home era difícil que fos comprensiu, que fos càlid, que m'abracés les pors i les inseguretats, què pretenc que faci, ara?

Així que porto tres dies aquí, en un càmping que semblava idíl·lic a les fotos, però que està enganxat a la via del tren per on cada deu minuts passa un comboi que fa un soroll eixordador. Els nens estan feliços i jo no estic tan cansada perquè, com que hi ha tants nens, van sols, i fins i tot tinc una mica de temps per a mi i per prendre una copa de vi amb les altres mares. Ens queixem que els nens juguen amb els nens i les nenes amb les nenes, que no es barregen. Però nosaltres fem el mateix. Rarament vaig a fer un passeig per la platja amb els pares, o fem petar la xerrada a soles. No, ho faig amb les altres mares. Aquest és l'exemple que donem als nostres fills i filles, però ens continuem escandalitzant que nens i nenes juguin a part.

Tres dies i em creia salvada. Però m'equivocava. La darrera nit, el Xavier, un nen de la classe de l'Oriol, em pregunta: «On és el pare de l'Oriol?». Fa la pregunta mentre l'Oriol està fent pipi al lavabo del nostre bungalou. Jo no dissimulo la cara de pànic. L'Oriol acaba, s'apuja els pantalons i em mira. No sap què contestar. Jo soc ràpida: «Vivim separats», li dic al nen. El Xavier, incrèdul, mira al seu amic. «Vosaltres viviu en una casa i el teu pare en una altra?». L'Oriol em torna a mirar demanant auxili, no sap ben bé com explicar-ho, suposo que tampoc no sap què explicar exactament. «No, ells tenen dues cases», surto a socorre'l. «En realitat en tenim tres, mama», diu l'Oriol «la casa del Montseny també és nostra». I el Xavier mira el meu fill amb enveja: «Que guai!», exclama emocionat. I penso, doncs sí, que guai. Els meus fills són prou petits per adaptar-se a la nova situació, per no jutjar-la, i en tot cas, gaudeixen de tenir tres cases, cosa que no està gens malament.

Aquests tres dies el meu bungalou és clarament el més divertit. He decidit que no penso amargar-me perquè no mengen fruita ni verdura, ni perquè mengen molts gelats, així que he vingut carregada de galetes, Donettes i Nutella. I hi ha barra lliure per a tots els nens, cosa que ha fet que m'hagi passat els tres dies amb el bungalou ple de criatures que venien a veure la tele, a jugar i a gaudir d'una mena de *bed and breakfast* improvisat. Cada nit s'ha quedat a dormir un amiguet diferent i l'Oriol està exultant. A l'hora d'esmorzar anaven sortint infants com rates dels seus caus i acabaven al nostre porxo esmorzant entrepans de xocolata i Cacaolat. No ha estat fàcil estar aquí sense ell. Els pares de la nostra classe estan tots en parella, no n'hi ha cap que estigui separat. Suposo que els nens són massa petits i que quan vagin creixent les parelles aniran caient. O no. Potser a ells els funciona el model tradicional, potser ells han sabut construir famílies perfectes. Jugo a intuir quines parelles podrien separar-se en el futur i em miro els pares com a futurs homes divorciats. No n'hi ha cap amb qui passaria més de dues hores. I millor. Només em faltaria tenir un *affaire* amb un pare del mateix espai. La nostra escola és una d'aquestes modernes, de nova creació. No hi ha «classes», sinó «espais». Uns espais que semblen nòrdics, on totes les joguines són de fusta i on els nens aprenen a sumar amb troncs i taps de suro. El meu fill diu frases com «No és no» o «Respecta els meus límits», i jo m'ho he de menjar amb patates, per haver-lo portat a una escola tan hippy i moderna.

L'Oriol es baralla amb el seu amic de l'ànima, li diu de tot i li clava una puntada de peu. Jo l'agafo i el castigo. Això dels càstigs a l'escola està prohibidíssim. Als nens no se'ls ha de castigar mai, però jo no he après una altra manera de marcar límits. Tot i que he comprovat mil vegades que el càstig no serveix de res. Tot i així, el castigo. I llavors s'enfada i em pega a mi, em diu que no vol que sigui la seva mare, que soc dolenta i que vol el papa. Jo aguanto, amb paciència. Li dic que em demani perdó, ell passa de mi. I, al final, vençuda, li dic que se'n torni a jugar amb els seus amics. Sec a les escales del porxo, respiro fondo i la mare del bungalou del davant se m'apropa. No diu res, només seu al meu costat. «Has estat molt valenta de venir sola amb els nens». I començo a plorar. M'abraça, protectora, maternal, i em porta una cervesa. Una altra tribu que em regala la vida. I sento que la tribu és l'únic que em salvarà. Al vespre truco a la meva mare, el critico a ell perquè no ha trucat en tots els dies. Ella em pregunta si li envio fotos i jo contesto que evidentment que sí. I la seva frase em mata: «Llavors, per què t'hauria de trucar?». I entenc profundament que té raó. Ja no és el meu marit, ja no és res de mi i els nens estan bé. I si no estiguessin bé, si tingués algun contratemps, algun accident, seria el meu problema. Sap que si els nens volen parlar amb ell jo li trucaré. Per què ha de trucar, doncs, ell?

49

Quan els nens són amb ell, jo els truco cada dia i li envio missatges a ell al matí per saber si han dormit bé. Sé que em dirà que sí. Però ho faig igualment. Potser ho faig només per comunicar-me amb ell? Reflexiono un moment. És possible. Ja que m'ha tancat totes les portes potser el que faig és utilitzar els nens com a excusa per parlar amb ell, i com que ell no ho necessita, quan els tinc jo simplement se'n desentén. Confia en mi, suposo, i gaudeix dels dies de solter. Em costa entendre que no m'ha de trucar, que no m'ha de preguntar per ells i sobretot que, sabent que la sortida em generava angoixa, no em pregunti com estic jo. Però per què ho ha de fer? Ell ja no és res meu. I intueixo que m'hauria de tatuar aquesta frase al cervell. No em deu res, no m'ha de cuidar, no s'ha de preocupar per mi.

Els nens han caigut rebentats després de tot el dia amunt i avall i jo em tanco al meu bungalou, disposada a beure'm l'ampolla de vi sencera si em ve de gust. Les altres mares ja fa estona que dormen i hauré de beure sola. Hauria d'apagar el mòbil, sé com puc ser de perillosa amb una copa de vi i el mòbil a la mà. I, com era d'esperar, a la segona copa començo a rastrejar les xarxes del Jofre, que avui tenia la presentació del seu darrer llibre. No tardo a veure els m'agrada i els retuits de l'altra. Repasso el *timeline* d'ella, la busco a Instagram. És més jove que jo, és més guapa que jo, és millor que jo. Em

sento una merda, tinc el convenciment que mai trobaré ningú que m'estimi, que em cuidi, que em salvi. Passaré la vida de Tinder en Tinder, fornicant, sense solta ni volta, sense amor, sense tendresa. Deixo de mirar les xarxes socials de la desconeguda i del Jofre. No té cap sentit flagel·lar-me.
    Però la nit se'm menja, i necessito contacte. Envio un missatge al Tinder, no fa ni una setmana que vam estar junts, vam estar bé, podem concertar una cita per a un altre dia, un bri d'esperança, un futur sense el Jofre. Li envio un missatge preguntant com va el cap de setmana, vaig borratxa, no m'esforçaré a ser original. De seguida veig que està escrivint i m'ho prenc com un bon senyal. Potser aquest Tinder em cuidarà, potser és ell, potser l'he trobat, potser deixaré d'estar sola, anirem de vacances junts amb els nostres fills, potser serà la meva nova família. Llegeixo el missatge de seguida: «He conegut una altra dona i no penso estar veient-vos a les dues». Ni un, perdona, ni un em sap greu. Fred, sec, com aquesta aplicació de merda que converteix les persones en éssers sàdics i cruels. Esborro el contacte de seguida. El Tinder, que ni tan sols m'agradava, també n'ha triat una altra. Un altre segon lloc per a la meva llista, un altre rebuig. No els puc encaixar tots. Potser he de frenar. Potser he de començar a estar amb mi, a viure la solitud, a centrar-me en els amics, a fer xarxa, i deixar-me de Tinders d'una nit i de cavallers inventats.
    «Tu saps que te l'has inventat», em diu l'Alba una hora més tard quan li truco, ja completament borratxa. «El Jofre no t'agrada, i no follàveu bé». Suposo que té raó, però em sento més còmoda en el paper de dona refusada, de tràgic destí, de solitària eterna. Li explico el missatge del Tinder.

«Passa d'ell fortament», em diu. I de cop riem. L'Alba em coneix des de fa més de vint anys i mai m'havia vist així. Jo mateixa mai m'havia vist així. Jo, que no lligava mai, que m'enamorava d'impossibles, ara estic amb tres tios diferents en una setmana. És de bojos, però és el segle XXI, amb les xarxes i les aplicacions qualsevol podria follar cada dia amb algú diferent, fins i tot amb dos o tres el mateix dia. Em sento com si hagués tingut un accident amb la meva nau espacial i hagués anat a parar a un planeta extraterrestre on tothom és egoista, depredador, animal. Però no sé com puc arreglar la meva nau, no sé com m'ho faré per tornar a casa. Necessito un mecànic, o que em vinguin a buscar. Per què no puc tornar a casa sense ajuda? Per què no ho puc fer sola?

«No estàs sola, preciosa, em tens a mi, tens la tribu», em diu l'Alba. I faria com el meu fill petit quan fem videotrucades, abraçaria el telèfon molt fort, com si l'abracés a ella. Li dic «T'estimo» i pengem. Hauria d'abaixar el ritme, no buscar companyia i consol en homes que no tenen cap intenció de donar-me res que no sigui sexe profilàctic i esporàdic. He de ser capaç de suportar aquesta solitud, aquest pes, aquest canvi de vida tan radical. Si ho faig, després seré lliure. Ara toca lluitar, ara toca viure l'abandonament, sentir-lo, plorar-lo. Ara toca passar el dol. Agafo el mòbil i elimino Tinder.

50

El dolor de vegades alenteix el temps, però el meu dolor l'ha accelerat. I, tot i que sembla que hagin passat sis mesos d'hivern, ja som a les portes de l'estiu. Hem acordat que durant els mesos de juliol i agost tindrem els nens setmana sí i setmana no. No sé si podré estar una setmana sense ells, però no tinc més remei que comprovar-ho.

Quan érem quatre sempre era jo qui planejava com serien les vacances i, controladora compulsiva, al mes de febrer ja tenia l'apartament llogat, o la casa o el viatge o el que fos que hagués planejat fer aquelles vacances. Aquest any és diferent. Aquest és l'any de la improvisació, de deixar-se portar.

Penso en diferents opcions: càmping, casa rural, casa d'amics... Mentre estic pensant en quina opció triar, em truca la Míriam. «Tia, tia, una mala notícia. He donat positiu». Hem passat el cap de setmana juntes amb la tribu a la casa de l'Empordà. Així que és una doble mala notícia: la meva amiga està malalta i jo potser també. Ho diu així, directament. Fa més d'un any que totes i tots temem aquesta mena de trucades. «Com et trobes?», pregunto. Em diu que bé, que una mica constipada i prou. Molts mocs i poca cosa més. «Però no diuen que la Covid no fa mocs?». Es veu que sí, que ara, amb la nova variant que ve de l'Índia, la Delta, sí que en fa. Que és com un refredat fort.

Quantes variants més hi haurà? Quant durarà aquesta broma de mal gust? La Míriam està nerviosa, li sap greu per

mi, per l'Alba, que té assajos, per l'Aleix... Per tothom menys per ella. Per què som així, algunes persones? Per què ens preocupem més pels altres que per nosaltres mateixos? Li dic que no pateixi, i que si necessita res l'hi puc portar a casa. «T'has de fer una PCR», em diu, greu. Quantes paraules noves en tan poc temps. Quants vocables que desconeixíem ara són part essencial del dia a dia: confinament, desescalada, PCR, antígens, quarantena...
La tranquil·litzo. Algun dia havia d'arribar. Des de la separació he actuat com si el virus no existís. Òrfena de bombolla, m'he vist amb amics de tot arreu, he anat a festes a Madrid, a l'Empordà, he fet imprudències vàries, Tinders i múltiples trobades sense mascareta amb grups de tota mena. «Quina és la meva bombolla, ara?». M'ho pregunto sovint, com un mantra que em fereix en lloc de calmar-me. Els meus fills. La tribu. Els meus pares. La meva germana. Ell no. Ell mai més. Millor que me l'hagi passat la Míriam que un Tinder. I aquest pensament m'asserena.

Al costat de casa meva hi ha l'única farmàcia de Barcelona on venen tests d'antígens sense recepta. Passen de tot perquè la farmacèutica considera que els tests són un producte de primera necessitat i que tothom hi ha de tenir accés. Així que em dona el test, només amb una condició: he de pagar en efectiu. Me n'explica el motiu: que és d'un laboratori extern, per això s'ha de pagar en metàl·lic. Jo no entenc res, però callo, i no puc evitar sentir-me com si estigués fent una transacció de drogues amb un camell.

M'ensenya com fer-me el test. No sembla que hagi de ser gaire agradable. S'ha de posar el bastonet fins al fons del nas, remenar bé, treure una mostra del que sigui que hi hagi allà dins i posar-ho en un tub on, prèviament, s'hi ha posat un líquid que ve en un envàs a part. Em pregunta quant temps fa del contacte amb el positiu. Ara la Míriam ja no té nom, ara és «un positiu», una empestada. Quin món tan estrany, quin sense sentit, tot plegat. Li dic que fa més de quatre dies i instintivament es retira una mica. Ara soc jo, l'empestada. «Si estàs contagiada, ja sortirà positiu». Sentencia.

A casa reviso les instruccions, el bastonet s'ha de posar en els dos narius, això no m'ho ha dit la farmacèutica-camell, però em refio més de les instruccions d'ús del laboratori. Així que poso el bastonet cap al fons del nariu esquerre, i després faig el mateix amb el dret. Em ve un esternut que no puc reprimir i amb el moviment cap endavant que provoca, el bastonet se'm clava al fons del nas. Comença a sortir sang sense parar i enretiro el bastonet de seguida. Vaig a buscar paper higiènic i aturo l'hemorràgia. Comencem bé. Barrejo la «mostra» amb el líquid i n'aboco tres gotetes al test. Em recorda els testos d'embaràs dels nens. Si surten dues ratlles, positiu, si en surt una, negatiu. Es veu que funciona igual que amb el d'embaràs: si el resultat és positiu és cent per cent segur, si és negatiu pot ser un resultat erroni. Deixo el test sobre la taula del menjador i vaig a estendre una rentadora.

No em va ni acompanyar al lavabo. Estava convençut que no estava embarassada. Jo estava segura que ho estava. M'havia vist les tetes al mirall. Ho notava, ho sabia. Amb un convenciment ancestral, natural, catàrtic. Vaig fer el pipi directament sobre el test, el vaig deixar al marbre de la pica i em vaig rentar les mans. No va passar ni un minut, i el resultat ja era evident. Dues ratlletes vermelles. Vaig cridar des del lavabo, mentre ell encara feia mandres al llit. «Ha sortit positiu». I no sabia si estar contenta o trista, espantada o penedida. Ens hi volíem posar aquell mateix mes, així que durant les vacances a Grècia, on ens vam passar un mes d'illa en illa, vam fer l'amor relaxadament. Aquells primers anys, estimant-nos a la platja, a la furgoneta, a qualsevol lloc, en qualsevol moment. Vaig esperar que digués alguna cosa. «Segur?», va preguntar. El seu to tampoc era ni alegre ni trist, ni espantat ni penedit. Vaig sortir del lavabo. «No pot ser», em va dir. Vam esperar els minuts que indicaven les instruccions. Dues ratlletes. No hi havia dubte. Positiu. I ens va agafar un atac de riure. Ens vam rebolcar sobre el llit i vam fer l'amor.

Mentre estenc la meva roba interior, recordo els primers mesos, quan els nens es quedaven a casa i ell i jo alternàvem les pernoctacions al pis familiar. No sé per què, continuàvem fent les rentadores conjuntament. Teníem un cistell a l'habitació on tots dos hi abocàvem la nostra roba bruta. Ell i jo no ens parlàvem però la nostra roba seguia rebolcant-se, suada.

Quan ja feia un parell de mesos que ell m'havia deixat per Zoom, vaig agafar el cistell i el vaig buidar per posar una rentadora. Em vaig quedar de pedra. Havia canviat tota la seva roba interior. Des que estava amb mi sempre tenia bòxers la mar de normals, ni especialment sexis, ni especialment bonics. Ara no hi havia rastre de cap d'aquells calçotets que jo li havia arrencat a mossegades tantes vegades. Ara tot eren eslips i bòxers de marca, alguns atrevits, d'altres sexis. Ha girat full, vaig pensar. I crec que allò és de les coses que em van fer més mal. Li vaig enviar un missatge de seguida, perquè ni tinc filtre ni sé el que he de dir i el que no. No em mesuro. No penso que ja no és la meva parella, que no n'ha de fer res de com em sento ni de què penso. Li vaig dir que em feia mal veure que havia renovat la roba interior i que preferia que, mentre ell i jo compartíssim la casa familiar, cadascú posés la seva pròpia rentadora. Per resposta un sec «Ok».

Fa setmanes que no espero respostes amables, ni comprensió ni empatia. Tampoc faig esforços per forçar una trobada ni insisteixo a reclamar una explicació. El tracto com tractaria un desconegut, com a un progenitor i prou. I em faig menys mal. No sé si mai tindré una explicació, ara mateix ho dubto. I el sento vencedor. M'ha deixat sense dir-me el perquè. I jo he permès que ho fes. El meu pare tenia tota la raó, he deixat que em guanyi, no he lluitat, he deixat que fes les coses a la seva manera. Mentre estenc la rentadora, ara només amb roba meva i dels nens, em ve una ràbia profunda, un odi greu. No em puc fer això, m'he de tractar amb respecte. Necessito una conversa.

Acabo d'estendre les últimes calces. Quan vaig veure que ell havia renovat la roba interior vaig fer el mateix. Llenceria sexi, d'aquella incòmoda, però vistosa. També roba interior per al dia a dia, però nova, suau i atrevida. Sempre en aquesta guerra absurda, en aquesta competició constant que ens ha dinamitat, que ha acabat per sempre amb el que érem.

Passo pel costat de la taula del menjador i veig el test. Gairebé me n'havia oblidat. El miro i el resultat és evident: dues ratlletes. Positiu. Però aquest cop no és un nen. Aquest cop és una malaltia que em tindrà aïllada deu dies a casa meva. Una epidèmia que ha matat milions de persones a tot el món i que espero que amb mi sigui indulgent. «Quant fa que no passes dues hores seguides a casa teva?», em va preguntar l'Alba fa poc. Mesos. Des que ell ja no hi és. La casa em queia al damunt. Em cau al damunt. I ara hi hauré d'estar, tancada i sola durant deu dies.

Demà ell m'havia de portar els nens perquè estiguessin una setmana amb mi. Ara li he de trucar i li he dir que no podrà ser, que he de fer quarantena. Hi parlo i la seva resposta és més comprensiva del que esperava. Em diu que no pateixi i em pregunta si necessito res. Tot. Ho necessito tot. Que parlem, que m'abracis, que m'omplis la nevera, que em compris un termòmetre, que tornem a ser una família. Responc que no, que compraré per internet, que li demanaré el que calgui a l'Alba, que viu a prop. Li demano que els hi expliqui als nens, però sense espantar-los. I m'assegura que així ho farà. Abans que pengi, sense haver-ho planejat, unes paraules segures i imperatives surten de la meva boca: «Quan surti de la quarantena vull que tinguem la conversa que no hem tingut». Abans que ell pugui dir que no, li etzibo: «Han passat sis mesos, em sembla que ja és hora». «Mira, jo...». I el faig callar: «És el mínim que pots fer després d'onze anys de relació i dos fills en comú. No m'ho pots negar». I ell, sorprenentment diu «Sí».

Penjo trasbalsada pel doble positiu: el de la Covid i el de la conversa. Per fi tindré el que fa mesos que persegueixo, per fi he posat els punts sobre les is. Abans, però, m'he de passar deu dies aquí tancada. De cop em sento una privilegiada, una *pija*, una indesitjable. La gent s'està morint i jo em queixo perquè hauré de passar deu dies sola en un pis amb totes les comoditats i connectada a internet les vint-i-quatre hores? Em faig fàstic a mi mateixa, i alhora m'obligo a espavilar-me. Després de tot el que he passat no m'enfonsaré per això.

L'endemà em desperto feta un nyap. No puc ni aixecar-me del llit de tant cansada que estic. Tinc feina, no puc estar així. El productor em truca, li dic que tinc Covid i em pregunta si em trobo bé. Li contesto que no, i reclamo temps. Me'l dona. Un problema menys. «Estàs malalta», em diu el Jordi. Em fa veure que he de parar i entenc que té raó, que m'anirà bé. M'ho prendré com una cura, com si fos en un balneari per desconnectar. El tercer dia perdo el gust i l'olfacte, cosa que fa que no tingui gana. M'alimento de cremes de verdura preparades i de gaspatxo de maduixa. També menjo cireres, i gairebé res més. Faig videotrucades amb els nens i, per fer-les, em maquillo i somric tota l'estona. Els enganyo: la mama està molt bé. Ells em volen veure, i jo a ells, però entenen que ara no poden.

És molt estranya, la sensació d'empestada, de no poder sortir al carrer, de no poder veure ningú. La meva mare, que es creu immortal perquè té la pauta completa de la vacunació, s'ofereix per venir a visitar-me. Evidentment, m'hi nego. Però l'hi agraeixo. Una mare és l'única persona capaç de jugar-se-la a contraure la malaltia només perquè no estigui trista. Una mare és l'única persona que moriria per tu.

El quart dia començo a tenir més energia. I no sé si a conseqüència de la malaltia o què, compro un paquet de quatre dies de vacances a un hotel de Salou en règim de «tot inclòs». És una de les coses que no hauria fet mai a la vida, però estic sola, i no sé com ni per què, penso que és la millor opció per anar de vacances amb els nens. També reservo una setmana en un càmping petit de la Vall d'Aran, on vam estar fa un temps amb ell i l'Oriol. Ja he cobert les dues setmanes d'agost amb els nens, ja me'n puc anar a dormir tranquil·la. Fi de la improvisació. La controladora comença a tornar.

El desè dia, per fi, surto al carrer. La sensació és desconcertant i la calor sufocant de finals de juliol de la ciutat no hi ajuda. Mai a la vida havia estat deu dies tancada a casa sola i sense veure ningú. Per sort he passat el virus sense complicacions i els dos últims dies fins i tot he pogut treballar una mica. Per seguretat, hem acordat que els nens els agafaré el dia que fa onze. Em planto a casa seva nerviosa, després de tants dies. I se'm tiren a sobre, em petonegen i em pregunten com em trobo. «Ara, molt millor».

51

No m'ha donat gaire alternativa, i hem quedat que, després que ell deixés els nens al casal, faríem un cafè. Les nou del matí no és la millor hora per tenir aquesta mena de converses, però he acceptat l'horari, no fos cas que s'hi repensés.

Ens trobem a la porta de l'escola on els nostres fills fan el casal, i busquem una terrassa. Ara ja no som bombolla, així que millor ser a l'aire lliure, més segurs. Ell no s'esforça a dissimular que està intranquil per si el puc contagiar. Li explico que no soc gens infecciosa, que acabo de passar la malaltia, però igualment ell manté distàncies.

Seiem en una terrassa d'un carrer prou ample i on hi ha poc trànsit. Entro a demanar, per fer alguna cosa, neguitosa. Torno a sortir de seguida, no li he preguntat què vol. Un cafè. Molt bé. Demano un cafè per a ell i un cafè amb llet per a mi. Torno a la terrassa i sec. No m'ho posa fàcil, em deixa clar que ell no necessita aquesta conversa. Jo m'aixecaria i marxaria. Però no m'entra al cap separar-me del pare dels meus fills sense una conversa profunda.

—No hem parlat.
—Hem parlat molt.
—No hem parlat de nosaltres.
—Ho vam fer quan ho havíem de fer.
—Quan?
—A teràpia.

—Però va ser molt ràpid, estàvem esgotats...
—Era llavors, el moment de fer feina.
Un silenci. Etern. La impotència que se'm menja les paraules i que em bull a la vesícula, que no dona l'abast a digerir la bilis.
—Tu estàs bé?
No sé per què sempre em preocupo per ell, per què sempre vull que estigui bé, per què sempre cerco l'aprovació del meu comportament amb ell, vers ell, per ell.
—Sí —diu mentre emfasitza la resposta assentint amb el cap.
Cada vegada tinc més necessitat de fugir corrents, però em quedo. Què vull? Per què li he dit de quedar? Què vull saber?
—Em vas dir que lluitaríem.
—Sí.
—Que no volies que ens separéssim.
—Sí.
—I què va passar?
—Que vaig canviar d'opinió.
No li trauré cap sentiment, cap confessió, és com si estirés un fil impossible, és una tasca infèrtil. Però ho necessito.
—Per què?
—Em vaig cansar.
—De mi?
—De lluitar.
—I de mi.
—Jo no he dit això.
Potser està bé, la seva fredor; potser, com diu la Míriam, m'ajudarà a superar-ho. Què vull d'ell? Que plori? Que em digui que em troba a faltar? Que em necessita?

—Em vas deixar per Zoom.
—Eres a Madrid.
—Podries haver esperat.
—No. No podia.
—No em vas donar cap explicació, no vas voler parlar amb mi.
—Ara estem parlant. Tu... No ho sé, no... No sé què preguntar, no sé què dir, no sé què vull que digui. I, de cop, després d'una pausa llarga durant la qual jo miro la fusta de la taula sense aixecar la vista, parla.
—Jo també ho he passat molt malament. Primera notícia, primer signe de debilitat, d'humanitat.
—Han estat els pitjors mesos de la meva vida.

I ens mirem en una pausa eterna, en què el reconec per primera vegada en mesos. L'home que em va enamorar, els croissants de xocolata després del sexe, les copes de vi i el formatge a la tauleta de nit les primeres vegades que venia al meu pis de soltera, els seus braços estrenyent-me, protegint-me, el primer «T'estimo», la calma a casa, la seguretat, la seva bondat, la seva generositat, la seva cura de mi, dels nens, la protecció. Per fi entenc per què em vaig enamorar d'ell. Per què és el pare dels meus fills. I torna a parlar, mirant-me als ulls per primera vegada en molts mesos.

—Ho estem fent molt bé.

I m'agafa la mà. Tot i la por a la pandèmia, tot i la separació, tot i el dolor, el rancor i tot el que ens hem dit, el que ens hem fet, m'agafa la mà.

—Tot anirà bé. Continuem sent una família.

I es posa a plorar. I jo també ploro. I sé que té raó. Que som una família. Ell i jo no som parella, però som els pares dels nostres fills, sempre ho serem i aquest lligam em fa sentir segura. I de cop comprenc que la vida no és perfecta, que no és senzilla, que sovint no resulta com l'havies planejat. M'adapto, ho accepto i no deixo de somriure-li. Per tot el que ha estat, per tot el que és i, també, per tot el que serà. I ell també somriu, i ens continuem estrenyent les mans amb força, cercant un vincle nou, diferent i desconegut fins ara.

52

Al meu fill gran li agrada l'aigua. Dic «gran», però només té sis anys. Temo que amb la separació ha crescut de cop. Li dic que ara és l'home de la casa, fruit d'aquesta educació heteropatriarcal de la qual no em puc desfer. Ell somriu, orgullós, però alhora noto com el pes de la responsabilitat l'ofega. I quan ho percebo li faig broma, li explico que hi ha famílies de tot tipus, i que no necessitem cap home, nosaltres, a casa. Qui arreglarà les coses? Em pregunta. Doncs un lampista. Què és un lampista? Un home que arregla coses. El papa és lampista? No, amor, el papa no és lampista.

Entrem a l'aigua, tots dos junts, mentre la Montse, la meva germana i el petit esperen a la vora. Al petit no li agrada l'aigua. Fa mesos li va picar una vespa en una piscina i des de llavors relaciona l'aigua amb el perill. Aprofito que no estic sola i vaig a l'aigua amb el gran. Nedem. Ell amb el xurro, que es posa sota les aixelles i el fa surar. M'ensenya com pot estar gairebé quiet a l'aigua, flotant. L'hi ha ensenyat l'avi, el meu pare. Riem per qualsevol tonteria. «Anem a la boia», diu. Miro la boia groga a què es refereix. «És molt lluny». «I què?». I no puc negar-l'hi, no vull posar-li límits. Ell vol anar a la boia? No seré jo qui li digui que no pot. Nedem, tranquils. Al cap d'una estona sento la meva germana, que se'ns ha apropat nedant, és a uns deu o vint metres, mig ofegada. Crida, ens demana que tornem. Crida «Que hi ha

232

corrents!», com si fóssim al mig de l'Atlàntic, com si ser a trescents metres de la platja de Barcelona fos un perill. Calmo el meu fill, que no sembla espantat, tampoc. Però m'adono que la meva germana té raó. Hauríem de tornar. L'hi proposo al nen, que em mira amb decepció. I, simplement, fa que no amb el cap. No es rendirà i em sembla bé. Jo tampoc em rendiré. Nedem, ell es cansa cada vegada més, em diu que li fan mal les aixelles, que li freguen contra el xurro i se li enceta la pell. La boia és ridículament a prop per deixar l'aventura ara, però li dic que tornem, que som molt lluny. M'impressiona veure la vora des d'on som. No distingeixo on són la Montse, ni el petit, ni la meva germana. Entre la meva miopia i la distància, els humans que hi ha a la platja són tan sols punts difuminats. Miro la boia. És tan a prop... El nen em torna a dir que no. Jo tampoc vull tirar la tovallola, i menys ara, tenint la boia a tocar. Però he de ser responsable, ara comença a ser perillós. Intento obligar-lo a girar cua però ell torna a fer que no amb el cap, convençut. Em mira un altre cop, intens. L'entenc. Ara hem de demostrar que som un equip, que no necessitem ni papes, ni lampistes. Sols ho podem fer tot. Arribarem a la boia i hi arribarem junts. Tocar-la, conquerir-la, demostrar-nos a nosaltres mateixos que podem fer-ho. Sento els crits de la meva germana uns metres enllà de la vora. Faig veure que no la sento. El meu fill també. Ens mirem i somriem. Som lliures. Som valents. Som l'hòstia.

Arribem a la boia groga, la toquem i riem. Ric com feia temps que no reia. «T'estimo», li dic. I li faig un petó a la galta. La seva cara d'il·lusió, de victòria, de triomf. No hi ha res que s'hi pugui comparar. Ens agafem a la boia uns segons.

«Ara hem de tornar», li dic. Ell assenteix, valent. No està cansat i això em tranquil·litza. Jo feia temps que no nedava tant, però no em sembla que siguem tan lluny. De cop és com si hi hagués més onades, em costa avançar, tot i que nedo amb més força que a l'anada. El nen em mira, content, perquè ho hem aconseguit. Però no pot avançar. Ell no ho nota, per mi és evident. Així que li demano que se m'agafi als turmells per remolcar-lo. Ara encara costa més avançar. Carrego més pes i no tinc els peus per impulsar-me. Canvio d'estratègia. I li demano que se'm posi sobre l'esquena i que em rodegi el coll amb els braços. «Sense ofegar-me, home». I tornem a riure. Moc les cames tan fort com puc, i sembla que avancem. Ell m'ajuda, diu. Em canso, però la platja és cada vegada més a prop. Sento un xiulet, no sé d'on ve. Algun nen que juga a fer d'àrbitre. De fet aquest és el regal que va demanar per al seu aniversari. Una disfressa d'àrbitre. Manaire com sa mare, vaig pensar. I ja m'agrada que no vulgui ser jugador. Un nen que vol ser àrbitre sembla que és una mica diferent. I m'agrada la diferència. Tot i que el meu fill no surt gaire de la norma, perquè continua posant-se molt més l'equipació del Barça que no el vestit d'àrbitre.

Avancem i veig dues figures a la vora, dins l'aigua, dempeus. Ens criden. Són la Montse i la meva germana. Encara no les veig gaire bé. Hauria d'operar-me. Seria més sexi sense ulleres, hi veuria millor. Però sempre m'ha fet pànic que em toquin els ulls. La imatge de la pel·lícula de Buñuel on una navalla travessa l'iris d'un ull m'ha perseguit tota la vida. I, fa poc, quan estava gairebé decidida a operar-me, un actor amb qui assajava ves a saber què em va dir que el seu pare havia quedat cec d'un ull per culpa de l'operació de miopia. Ho vaig deixar estar. La por, sempre la por. Si ara estigués operada veuria la Montse movent els braços, i la meva germana plorant, nerviosa. Veuria també el petit, construint una piscina a la sorra, amb la pala a la mà, aliè a tot.

Començo a sentir el meu nom, són elles que criden, i el xiulet, cada vegada més fort, cada vegada més estrident i nítid. L'Oriol està feliç, no es cansa, tot i que es queixa que li fan mal les aixelles. Jo no deixo que em doni el xurro, l'ha de portar ell. No ha de passar res, però el mar és traïdor, diuen sempre els mariners. Quin pensament més ridícul, som a deu metres de la vora. Arribem, i veig la cara de la Montse i la meva germana, li ha passat alguna cosa al Josep. Però de seguida el veig amb la seva pala fent un forat immens a la sorra. No sembla que hagi passat res.

La meva germana, entre plors, em diu que estic sonada, que soc una irresponsable i que ens podíem haver ofegat. Parla com si m'hagués llançat a alta mar, al Pacífic enmig d'una tempesta. I ric. «No sé de què riu», sento que diu algú, i em giro. Un socorrista, amb un xiulet. Ara ho entenc.

Em diu que fa estona que xiula, que ha vist com anàvem cap a la boia. I m'assenyala la bandera. Vermella. «No ha vist que hi ha bandera vermella?». Suposo que veu la por al meu rostre, el penediment. Faig que no amb el cap. M'estranya, perquè el gran sempre que arriba a la platja busca de quin color és la bandera. Però avui no ho ha fet. Precisament avui. El noi apunta el mar amb el dit índex perquè el miri, i és com si el veiés per primera vegada. La boia em sembla en un altre continent, em sembla impossible que hi hagi arribat jo sola, que no hagi necessitat ningú que em remolqués, ningú que em socorregués. I llavors, començo a riure. Com una boja. La Montse em demana que calli, que em posaran una multa. Però no l'escolto, tampoc la meva germana, que em continua insultant, ni el socorrista, que m'està explicant la disposició de les boies, les cordes de seguretat, fins on poden anar els nens acompanyats d'un adult...

Agafo el meu fill gran, l'abraço i crido «Ho hem aconseguit!». «Solets!». Ho hem aconseguit solets. I el petit ens veu i somriu i li demano que vingui, que farem una abraçada a tres. Abans les abraçades eren a quatre. Ara són a tres. I tots tres alhora, sense haver-ho pactat abans, cridem: «Som els millors!». I caiem sobre la sorra, pixant-nos de riure. «Som un bon equip, oi mama?», pregunta l'Oriol. I veig com la Montse ens mira, i plora.

Jo faig que sí amb el cap. Orgullosa d'ells, de la tribu, del Jordi, de la Montse, dels meus pares, de la meva germana i, per què no?, de mi. I m'abandono a una abraçada a tres forta, valenta i plena d'esperança.

Aquest llibre es va acabar d'imprimir
als tallers de Romanyà-Valls,
a Capellades (Barcelona),
el febrer de 2022.